Specil LECTURE Series

生涯スポーツトレーナー 技術編

世界一わかりやすい
パーソナルストレッチ

公益財団法人日本健康スポーツ連盟公認
プロフェッショナル生涯スポーツトレーナー
日本ジュニアストレッチ協会理事長
牧谷祐志

0歳から100歳まで動ける身体をつくる

学校法人　国際学園
九州医療スポーツ専門学校

はじめに

急速に進む高齢化によって、日本人の平均寿命も年々更新しています。しかし同時に健康寿命と平均寿命の差、すなわち健康上の問題で日常生活に影響がある期間はやや改善しているものの、以前として長いのが現実です。この問題の解決策のひとつとして、ストレッチの効果があげられます。ストレッチは血行を改善し筋肉の老化の予防をします。

また身体の柔軟性を回復することによって、高齢者や子どもたちの転倒によるけがのリスクなどを減らします。とくに高齢者の転倒は寝たきりの原因ともなり、健康寿命の大きな弊害となっています。ストレッチには身体的、体力的な老化現象を大きく抑制する運動としての役割があるのです。高齢者や子どもたちの健康維持と増進を目的とした指導者の育成はこうした現状を少しでも改善する重要な役割を果たします。ぜひ本書をお読みいただきプロフェショナルな生涯スポーツトレーナーを目指していただければ幸いです。

日本ジュニアストレッチ協会の想い

なぜ、日本ジュニアストレッチ協会が、子どもが小さいころからのストレッチを強烈に推奨しているか？

世の中に溢れる、病気、ケガ、スポーツ障害、肩こり、腰痛、神経痛、ヘルニア、関節症などなど……これらは　筋肉が硬く身体が正常に動かない状況が原因で発症することがほとんどです。

大人になれば、 身体の至る所が痛くマッサージ屋さん、整骨院、病院に通い鎮痛剤という毒を飲み、さらに年をとって寝た切り生活を余儀なくされます。

子どもは身体が硬い事で、どんなスポーツをやっても上手くならないばかりか、ケガをしやすく、中高生の運動部にもなるとさまざまな身体の場所を痛め現役を引退せざる得ない子たちがたくさんいます。

日本ジュニアストレッチ協会の活動が広がり子ども達がストレッチを受けられる環境をつくれば上記のようなことで苦しむ多くのお子さんを必ず救えます！

根本的に変えるには子どものころからの教育以外ありません。

牧谷祐志

生涯スポーツトレーナー技術編
世界一わかりやすいパーソナルストレッチ
目次

第2章 仰向け下半身・本格的にストレッチ

第3章　うつ伏せ下半身

第4章　仰向け上半身

第5章 横向き上半身・首・その他の仕上げのストレッチ

序章

ストレッチの基本

パーソナルストレッチとは

パーソナルストレッチとはトレーナーとマンツーマンで行うストレッチです。

ひとりでは伸ばしきれない筋肉・腱を、第３者に手伝ってもらい効率よく伸ばす手法です。精神的にはリラックスし、身体的には脱力の状態となり、筋肉がもっとも伸びやすい環境でストレッチを行うので、目的の部位を効果的に伸ばすことができます。

ストレッチとは一般的に、身体の筋肉を良い状態にするために引っ張って伸ばすことをいいます。これをすると、筋肉の柔軟性が高まり、関節が動ける範囲（関節可動域）が広がり、身体を動かしやすくなります。

ストレッチを安全で効果的に行うためには、考えられる障害などのリスクを防ぐことや、各部位に起こりやすい代償運動をコントロールすることが重要です。

ストレッチの種類

１．静的（スタティック）ストレッチ

一般にストレッチといわれている運動がこれに当たります。反動をつけずに筋肉を伸ばし、ゆっくり10秒～30秒キープするのが一般的です。軽い準備運動や運動後のクールダウン、一般的なヨガなどもこのストレッチです。激しくないため誰でも行える方法です。

運動前の長時間のスタティックストレッチは一時的な筋力低下を伴うため、おすすめできません。

2. 動的ストレッチ（ダイナミックストレッチ）

身体をダイナミックに動かし関節可動域を広げます。サッカーの練習前に行なわれている、有名なブラジル体操などがそれです。過度な反動を使わずに行います。運動前に身体を温めるためのウォームアップによく用いられます。

3. バリスティックストレッチ

動的ストレッチの一種です。反動をつけてリズミカルに行うストレッチです。ダイナミックストレッチと同じで、身体が温まった状態でリズミカルに反動をつけて行うようにします。ラジオ体操や体育の授業でやる、アキレス腱を伸ばすのがこのストレッチです。

4. PNF ストレッチ

【Proprioceptive neuromuscular facilitation】固有受容性神経筋促通法

動作に抵抗を与えることで深部の筋肉を刺激し鍛える方法です。リハビリテーションやウオーミングアップに応用されます。またウエイトトレーニングと併せることで運動能力を向上させます。主にトレーナーの手をかりペアで行うものです。

ストレッチの効用

ストレッチを行うと身体の柔軟性が高くなり、

■ケガを未然に防ぐ

■老化を予防

■血行促進で代謝があがりダイエットやスタイルアップにも効果的

■自律神経が整い各種不定愁訴の改善につながる

ダイエットの底上げ効果

ダイエット時にもストレッチは有効です。ストレッチ自体が大きく脂肪燃焼を行える訳ではありません。しかし！ ストレッチによって筋肉が動かしやすくなり、可動域があがることによって今まで使えていなかった筋肉を使うことができます。その結果、血行・代謝がアップ。有酸素運動や筋力トレーニングの効果もアップし、脂肪も燃焼しやすくできます。

ダイエットで重要なのは適切な食事管理と筋トレ（有酸素運動も効果的）と共に基礎代謝（何もしていなくても消費するカロリー）を上げることが鍵になります！ 身体が柔らかくなり、筋肉の伸び縮みをスムーズに行えれば、結果的にダイエット効果が間違いなくアップします。

ボディラインがキレイになる

同じ体重でも、筋肉がある人とない人とではまったく見た目が違います。見るからにカッコイイ身体は、筋肉が必要不可欠です。しかし、筋量アップのトレーニングだけでは、上手く身体を使えないので適切な刺激が筋肉に入らず筋肉の成長を邪魔してしまいます。

ストレッチで可動域を広げることによって身体のラインを構成する筋肉がしっかりと動くようになるので非常に効果的です。

ストレッチはダイエット、見た目の美しさにとても重要な運動です。

ケガの予防に効果

高齢者のケガの原因で多いのが段差でのつまずきや階段からの転倒です。これは身体の硬さが関係しています。身体が硬いというのは、筋肉が動かしづらい状態です。

筋肉が動かしづらいと、危険を感じたときに、身体がついていけません。結果、転倒したり、尻餅をついたりして、運が悪いと骨を折りそのまま寝たきりになる場合もあります。

ストレッチをしっかり続けることで間違いなくケガの予防に役立ちます。

血行促進・代謝アップ

筋肉は体中の血液循環と新陳代謝を助けています。柔軟に伸び縮みする筋肉であれば肩こり、腰痛、神経痛、冷え性、リウマチ、めまい、頭痛などの症状が出にくくなります。

柔軟な筋肉は、身体に溜まった老廃物を排泄しやすくし、栄養や酸素を送り届ける働きも助けます。

ストレッチで筋肉をしなやかに保てれば、シミやシワ、脂肪のつきにくい若々しいスタイルをキープしやすくなります。疲れがたまりにくいため、いつでもイキイキと活動できます。

術者の心構え、施術前の注意

心構え

- 文献など教科書の内容も大事ですが、あくまで実際に施術をしてみた結果を重視してください（身体のことはわかっていないことだらけ）。
- 教科書や、インターネトの情報を常に　『本当にそうなのか？』『なぜそうなのか？』と自身で考え実際に施術をした結果と常に照らし合わせてください。

施術前の注意

- ストレッチを行った後は筋肉痛が出ることがあるなどストレッチの特徴を前もって伝えてください。
- クライアントがストレッチ後、すぐに運動をするのか？　クールダウン目的で行うのか？　によってやり方を変えてください。
- クライアントの体調をよくヒアリングして無理をせず行ってください。とくに、外傷・妊娠、このような症状をお持ちの方には、施術を中止することも必要です。

全身の骨格筋

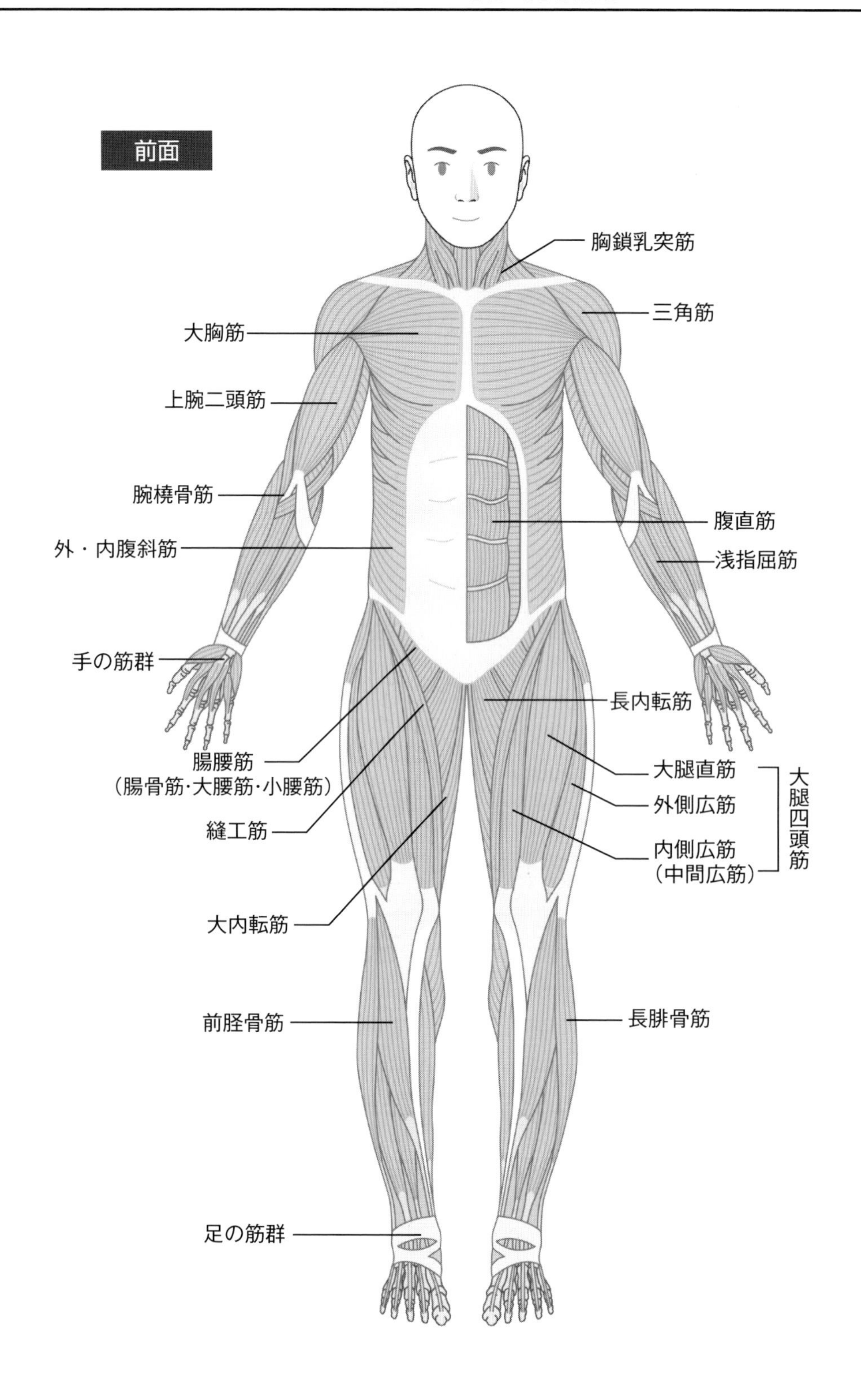

前面
胸鎖乳突筋
三角筋
大胸筋
上腕二頭筋
腕橈骨筋
腹直筋
外・内腹斜筋
浅指屈筋
手の筋群
長内転筋
腸腰筋
(腸骨筋·大腰筋·小腰筋)
大腿直筋
外側広筋
内側広筋
(中間広筋)
大腿四頭筋
縫工筋
大内転筋
前脛骨筋
長腓骨筋
足の筋群

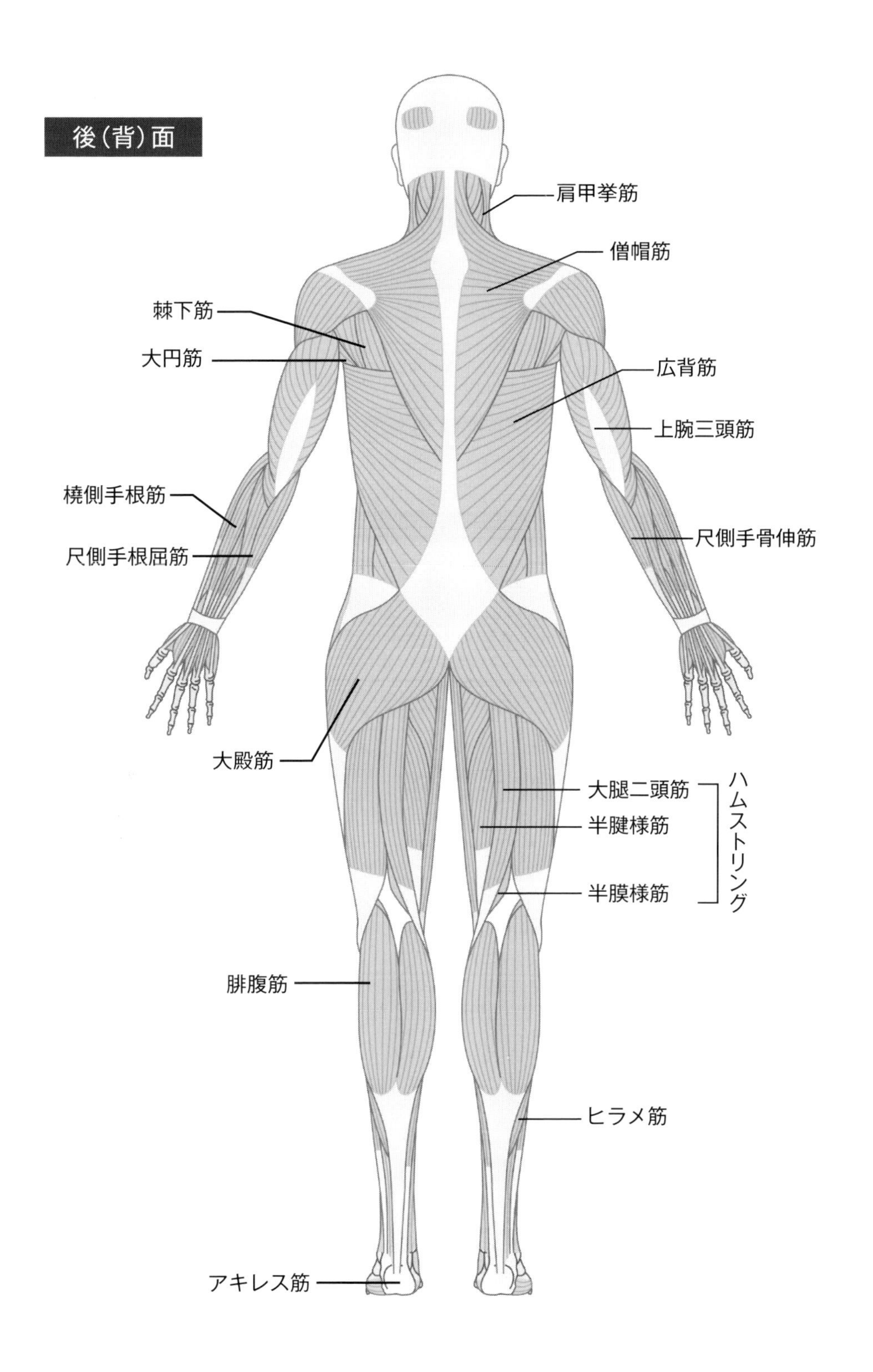
後（背）面
肩甲挙筋
僧帽筋
棘下筋
大円筋
広背筋
上腕三頭筋
橈側手根筋
尺側手根屈筋
尺側手骨伸筋
大殿筋
大腿二頭筋
半腱様筋
半膜様筋
ハムストリング
腓腹筋
ヒラメ筋
アキレス筋

全身の骨格

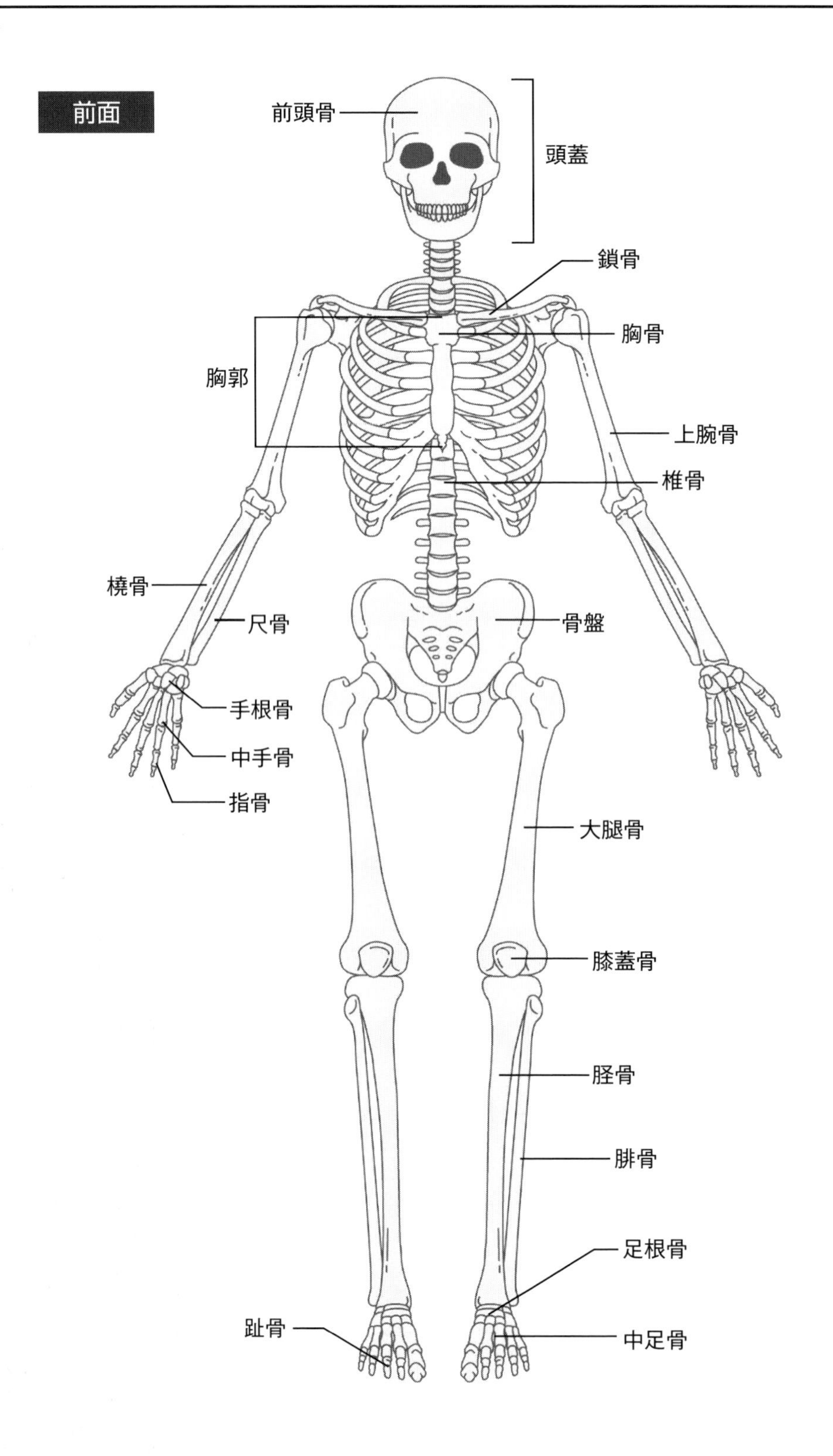

前面
前頭骨
頭蓋
鎖骨
胸骨
胸郭
上腕骨
椎骨
橈骨
尺骨
骨盤
手根骨
中手骨
指骨
大腿骨
膝蓋骨
脛骨
腓骨
足根骨
趾骨
中足骨

後（背）面

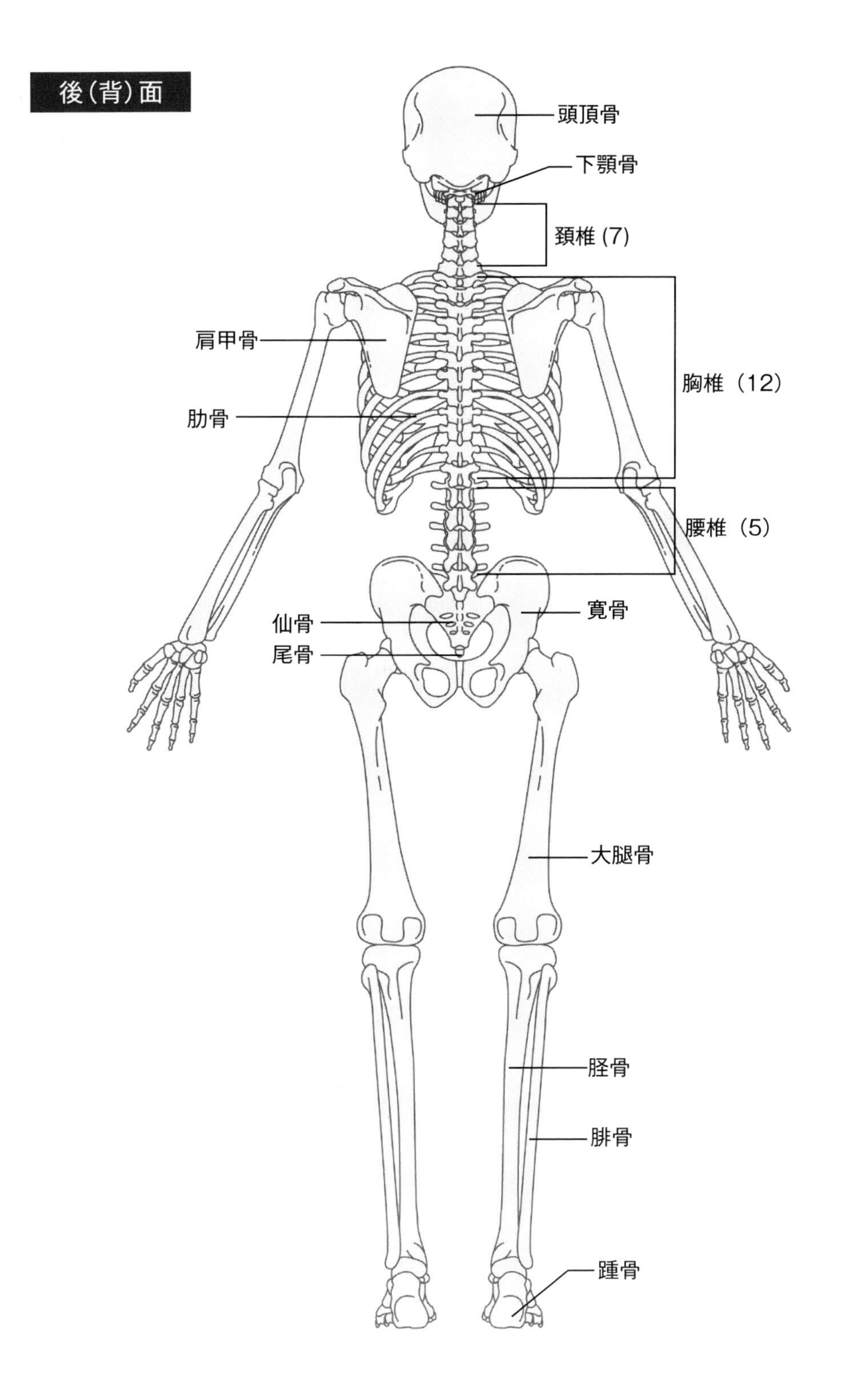
頭頂骨
下顎骨
頚椎 (7)
肩甲骨
胸椎（12）
肋骨
腰椎（5）
寛骨
仙骨
尾骨
大腿骨
脛骨
腓骨
踵骨

筋の役割と分類

<table>
<tr><td rowspan="3">筋肉の分類</td><td rowspan="2">横紋筋</td><td>骨格筋（両端が骨につながる）</td><td>随意筋</td></tr>
<tr><td>心筋（心臓壁をつくる）</td><td rowspan="2">不随意筋</td></tr>
<tr><td>平滑筋</td><td>内臓筋（内臓壁をつくる）</td></tr>
</table>

骨格筋の起始と停止

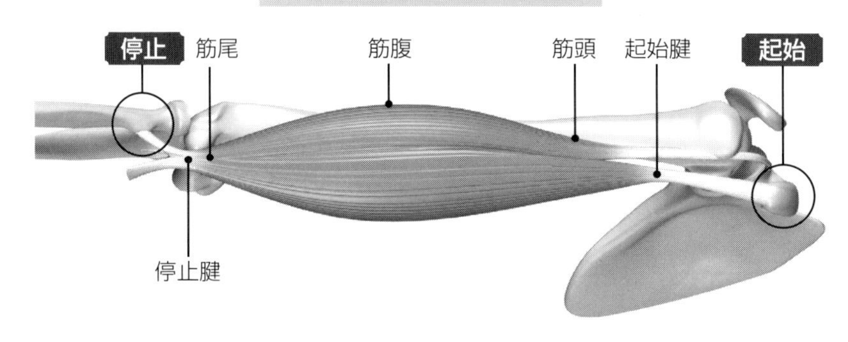

形状による分類

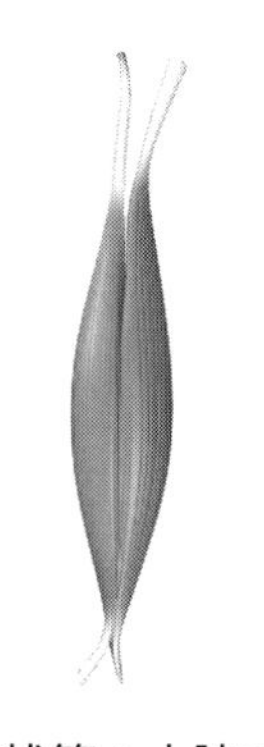

①紡錘状筋：上腕二頭筋

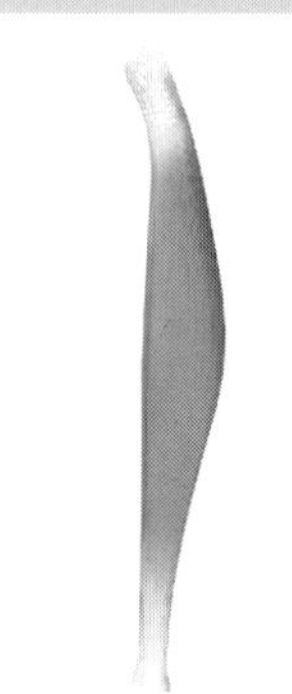

②羽状筋：大腿直筋

③鋸筋：前鋸筋

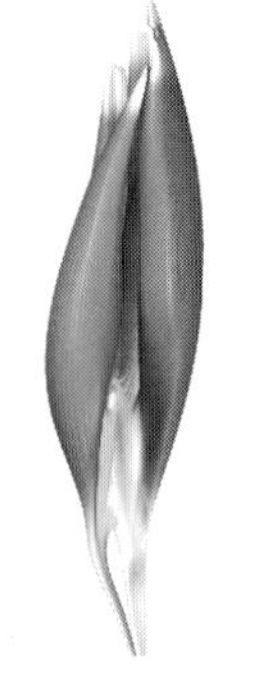

④多頭筋：上腕三頭筋

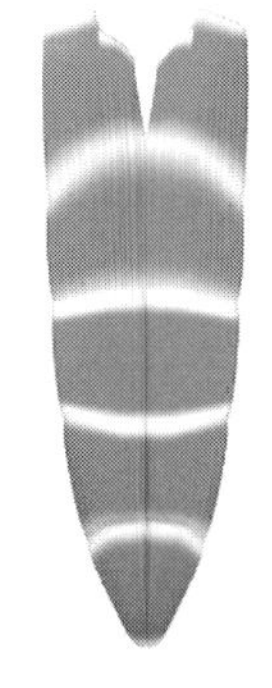

⑤多腹筋：腹直筋

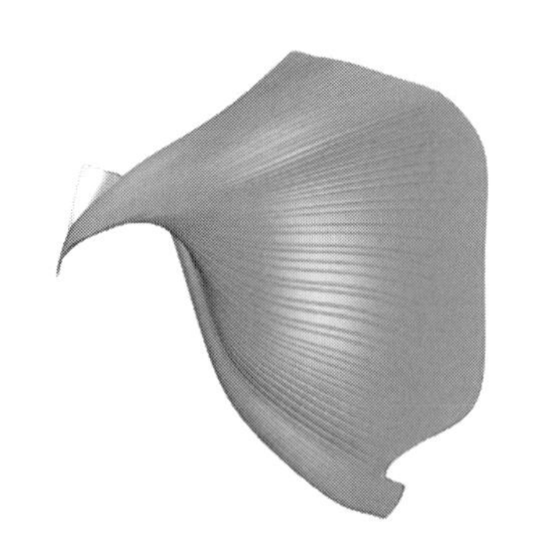

⑥収束状筋：大胸筋

筋肉の役割

- **体温の維持**　筋が運動する際、脂肪や糖質を燃焼することで熱を生み出し、体温を維持します。一般的に、身体が発する熱の約40%は、筋肉から発生しているといわれています。
- **姿勢の保持**　筋収縮によって関節を安定させることで、姿勢を保つことができます。
- **内臓・骨の保護**　内臓を保護する骨のない腹部では、それぞれの内臓が定位置に収まり、正常な働きができるのは「腹横筋」などたくさんの筋肉が複合的にはたらいて保護します。
- **体液循環の補助**　筋の収縮・弛緩を繰り返すことで筋肉がポンプの役割を果たし、血液やリンパなどの体液の循環を助けます。とくに、心臓から遠い下肢における体液の循環では、血液やリンパを上半身に戻すために重要なはたらきをします。

骨格筋の起始と停止

骨の付着部分で固定されているか動きの少ない方を「起始（筋頭）」、身体の中心から遠く動きの多い方を「停止（筋尾）」といいます。中央部分の柔らかく赤い色をしているところを「筋腹」、骨とつながる白い部分を「腱（腱膜）」と呼びます。

筋の形状による分類

骨格筋は、関節の曲がる側につく「屈筋（くっきん）」と、その反対側について縮むと関節が伸びる「伸筋（しんきん）」に分けられます。また、その形状によって以下のような種類に分けられます。

①**紡錘状筋（ぼうすいじょうきん）**　中央が膨らみ、腱の両端が骨格につながって細くなっている、紡錘状をした筋肉。「平行筋」とも呼ばれ、筋の基本形状ともいえます。

②**羽状筋（うじょうきん）**　筋束が斜めに配列している骨格筋。形状が鳥の羽根を思わせるのでこの名があります。片方だけに羽根の筋束がついた骨格筋は、「半羽状筋」といいます。

③**鋸筋（きょきん）**　筋肉が鋸（のこぎり）の刃のようにギザギザとしている状態です。

④**多頭筋（たとうきん）**　筋肉が枝分かれしたようになって、筋頭が複数存在します。「二頭筋」（上腕二頭筋など）「三頭筋」（上腕三頭筋など）があります。

⑤**多腹筋（たふくきん）**　筋の中央部分が３つ以上に分かれているものをいいます。

⑥**収束状筋（しゅうそくじょうきん）**　複数の付着点から筋線維が一点に集中しているもの。

骨格筋の構造

骨格筋は、筋細胞からなっています。筋細胞は細長い筋線維とその細胞間を埋めて束ねる結合組織からなり、その数は約200ほどといわれていますが、そのほとんどが左右対称に存在するので約400となり、体重の約40%を占めています。平滑筋などを合わせると600ほどになります。

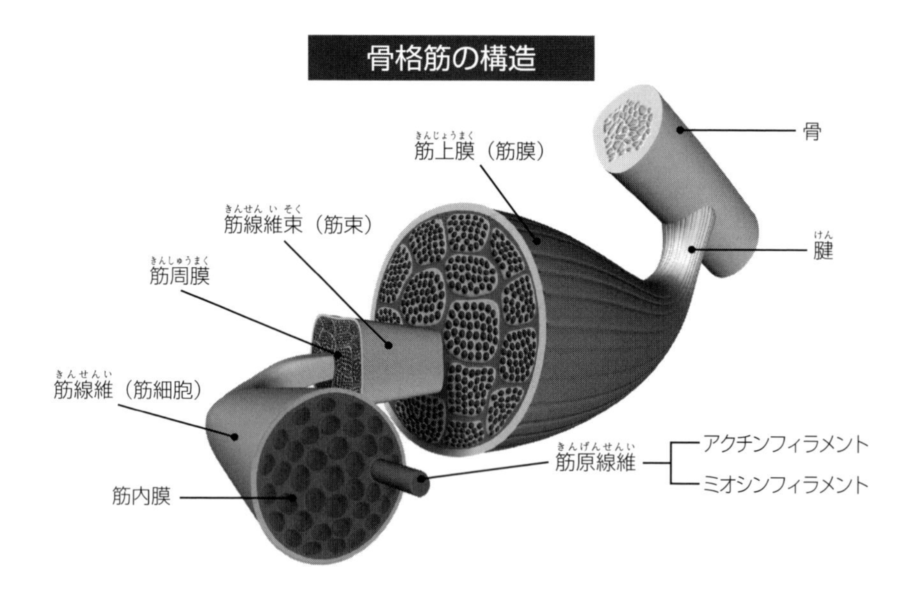

骨格筋の構造

体重の約40～50%を占めるといわれる骨格筋は、「筋線維」と呼ばれる細長い筋細胞が集まってできています。筋細胞（筋線維）は、収縮タンパクの集まりであるアクチンフィラメントとミオシンフィラメントで構成される「筋原線維」が集まったもので、細長い形状から「線維」の名があります。

ひとつの筋線維は直径10～100μm、数百～数千の筋原線維の集合体で、この筋線維が数十本束になったものを「筋線維束（筋束）」といいます。筋束の外側は厚めの「筋周膜」におおわれ、すきまは「筋内膜」という結合組織で埋められています。さらに、この筋束が数本から数十本ずつ集まったものが骨格筋で、その外側は丈夫な「筋上膜（筋膜）」で包まれています。細い筋線維が何重にも束になって集まることで強く、しなやかな筋肉をつくっているのです。

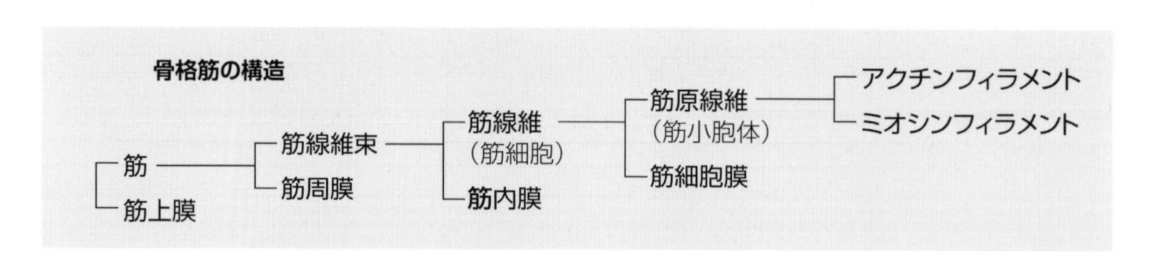

筋の収縮と弛緩のしくみ

収縮と弛緩

運動は、筋の収縮と弛緩によって可能になります。ここでいう筋の収縮とは筋張力が生じることであり、筋張力がなくニュートラルな状態を弛緩といいます。

筋の収縮と弛緩のメカニズム

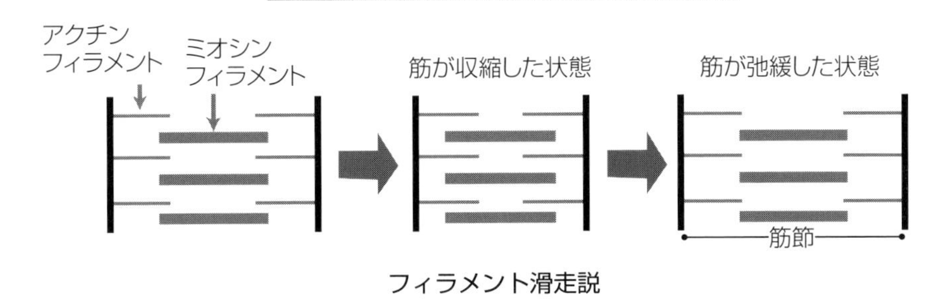

フィラメント滑走説

①はじめに、脳から身体を動かす命令が発せられると該当する筋肉に伝えられ、筋細胞内にある筋小胞体からカルシウムイオンが放出されます。

②筋細胞を構成する筋原線維は、細いアクチンフィラメントと太いミオシンフィラメントという2種類の収縮タンパクが交互に並んでできています。放出されたカルシウムイオンがこれらと結びつくことによってアクチンフィラメントがミオシンフィラメントと接触し、ATP（アデノシン三リン酸）を分解して、エネルギーを放出します。

③エネルギーによって細いアクチンフィラメントが太いミオシンフィラメントの間に滑り込ませる（滑走）。2つのフィラメントの重なりが多くなり、筋節が太く短くなる。これを「フィラメント滑走説」といいます。神経からの刺激がなくなると、カルシウムイオンが筋小胞体に吸収され、筋肉が弛緩します。

筋線維のタイプ

遅筋（ちきん） 〔赤筋・SO 線維〕	収縮が遅く持久力を必要とする運動に適している。ミオグロビン、ミトコンドリアなど酸素を多く含み赤く見える
速筋（そっきん） 〔白筋・FG 線維〕	収縮が早く、太い筋なので瞬発力を必要とする運動に適している
中間筋 〔FOG 線維〕	遅筋と速筋の中間の性質をもつ筋。ピンク色

関節の可動域

身体の各関節が、障害などが起きないで生理的に運動することができる範囲（角度）を関節可動域といいます。つまり、屈伸運動や身体をひねる動作を行ったときに、運動の起点となった関節が最大限に動く範囲のことです。0度から180度まで、可動域は関節を取り巻く筋肉や靭帯、腱、関節包の具合によって決まり、そのため人により異なります。

この関節運動には、関節の動く基本的方向によって名前がつけられています。これらは「腕を伸ばす」「膝を曲げる」などの日常的な表現とは異なり、一定のルールにもとづいてつけられた専門用語で、世界共通です。

基本的関節運動の方向

- **屈曲**　関節を伸ばした状態から、関節を中心に一方の骨を回転させて、骨同士の角度を小さくする運動（0度～180度）
- **伸展**　屈曲した状態から、関節を伸ばして、骨同士を0度に近づける運動
- **外転**　前額面で、四股を体側または体の中心線から離す運動。手指・足趾では中指・中趾から離れる運動
- **内転**　前額面で、四股を体側または体の中心線に近づける運動。手指・足趾では中指・中趾に近づける運動
- **外旋**　骨を中心軸として前方から外方に回す運動
- **内旋**　骨を中心軸として前方から内方に回す運動
- **回外**　前腕で肘を曲げて手のひらを上方に向ける運動
- **回内**　前腕で肘を曲げて手のひらを下方に向ける運動
- **回旋**　屈曲・伸展・外転・内転が組み合わさって行われる回転運動

このほか、首・肩、肘・膝、股など各部位の運動と挙上・下制、背屈・掌屈、橈屈・尺屈、前屈・後屈・側屈、内反・外反などがあります。

可動域を測る方法

手のひらを前に向けた気をつけの姿勢で直立した時の各関節の肢位を0度として、この基本肢位から関節運動をしたときのその結果を度数で表します。

肩関節伸展の可動域

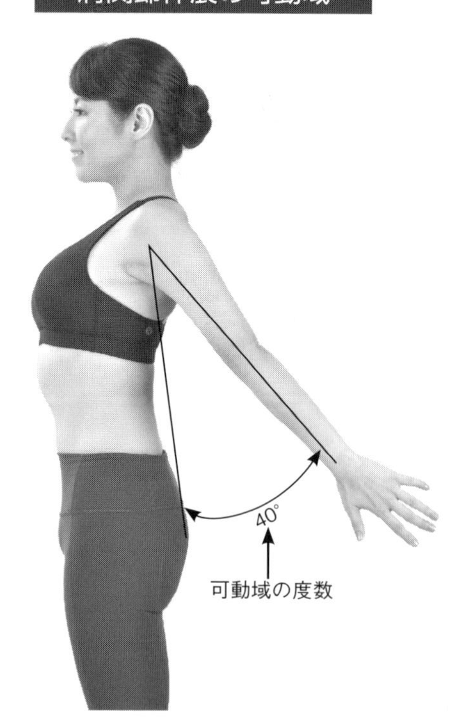

※以下に掲載されている可動域は一部です。詳細は公益社団法人日本リハビリテーション医学会の「関節可動域表示ならびに測定法」を参考ください。

手関節の背屈

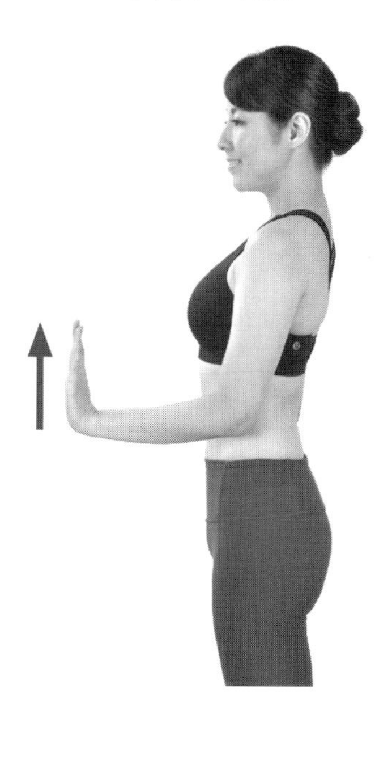

手関節の掌屈

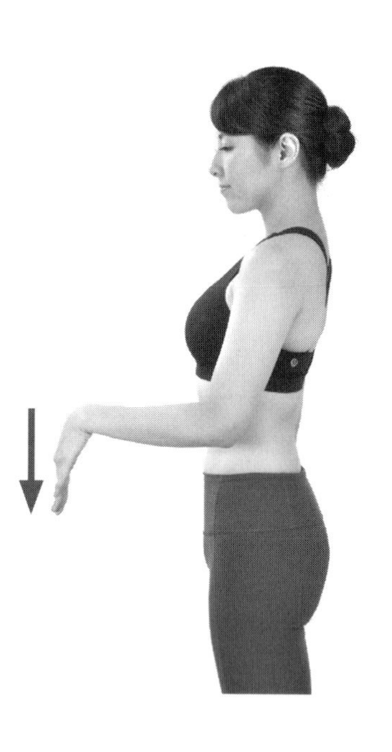

股関節の内転

股関節の外転

股関節の屈曲

足関節の内反

足関節の外反

第1章

仰向け下半身・ストレッチ前の準備

下半身シェイキング

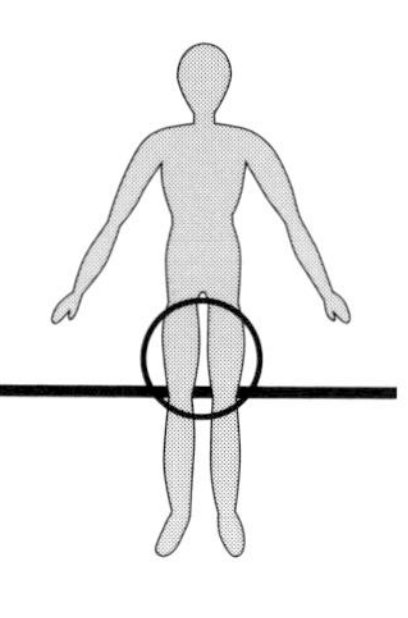

目的とねらい

・ストレッチをする前に筋肉を脱力、リラックスさせストレッチがかかりやすい状態にする
・クライアントの身体の特徴を把持する（右半身が硬い・足首が硬い・股関節の内旋が硬いなど）
・シェイキングのみでクライアントに「なんだこの技術は！？」と思ってもらい期待感を持たせる
・ストレッチ前後に行うことによってストレッチをかけた後の痛みの軽減と玄人感が出る

対象筋肉

・大腿部周辺の筋肉すべて（主にハムストリング・大腿四頭筋・内転筋群）

効果

・身体の脱力、リラックス
・これだけで可動域があがる方もいる

Point

・強く把持（はじ）するとシェイキングはしづらいので軽い力で把持する
・無重力感を味合わせるイメージで行う
・流れるように動きを切らない
・施術と施術の間に入れて施術を切らない

施術方法

◇ハムストリングシェイキング

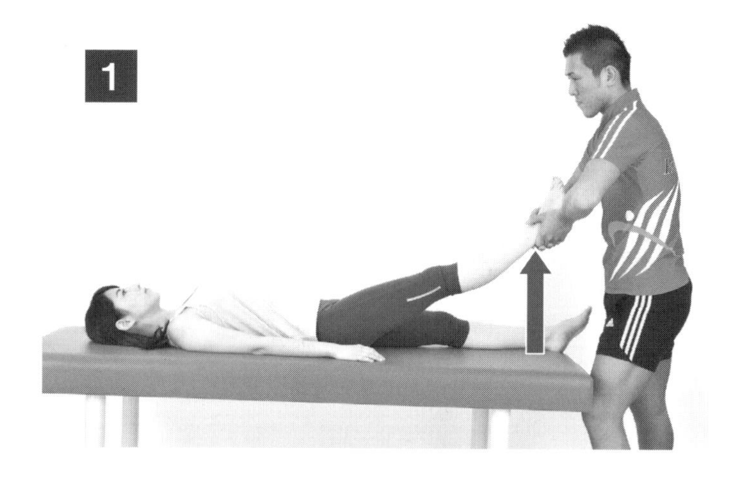

両手で足首を両側から把持し、上下に揺らす。股関節を屈曲し下肢を上げながら揺らすとハムストリングの近位に効く

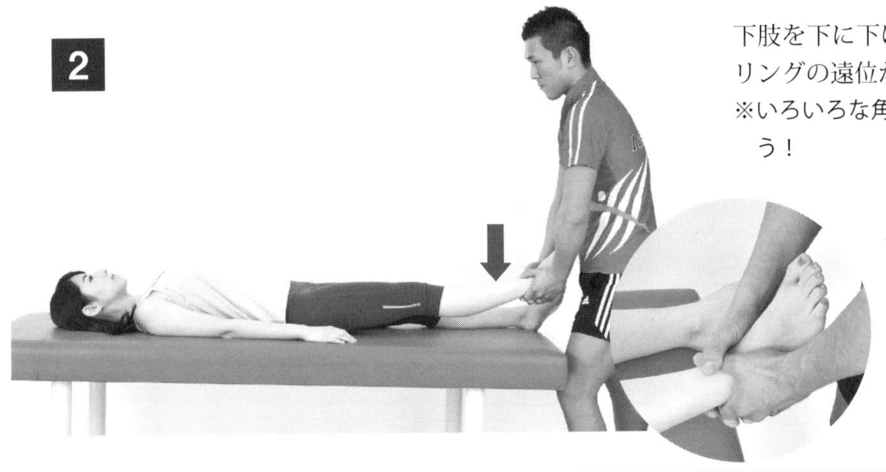

下肢を下に下げるとハムストリングの遠位が揺れる
※いろいろな角度を試してみよう！

※くれぐれもガチっと握り過ぎないように

ハムストリングシェイキングの把持の仕方

◇内転筋シェイキング

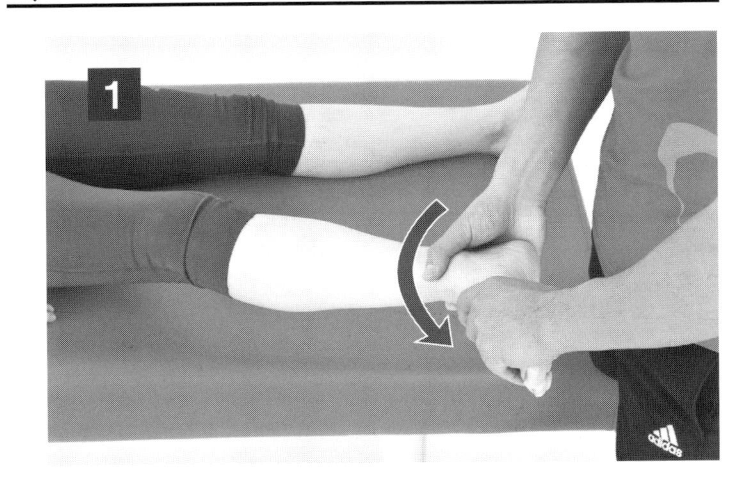

踵とつま先を把持して、股関節を外転、外旋させて上下に揺らす

股関節外転・外旋の状態（写真2の股関節の広げ度合を参照）※股関節の外旋が弱いと内転筋に上手く刺激がはいらないので注意

内転筋シェイキング把持の仕方

◇大腿四頭筋シェイキング

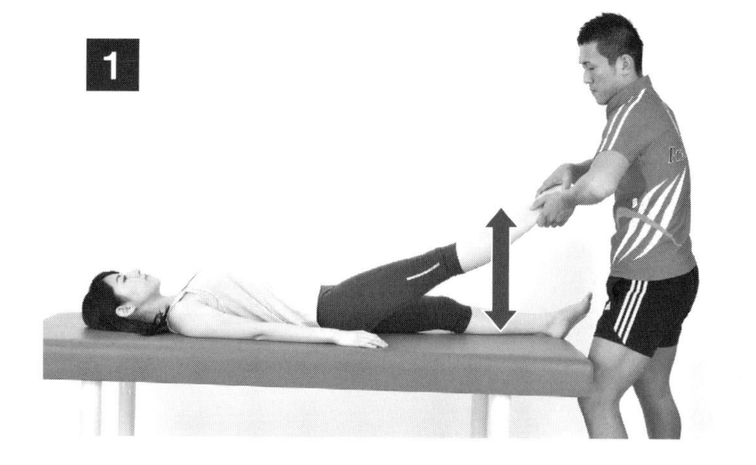

踵とつま先を把持し、股関節軽度内転・内旋軽度牽引しながら上下に揺らす

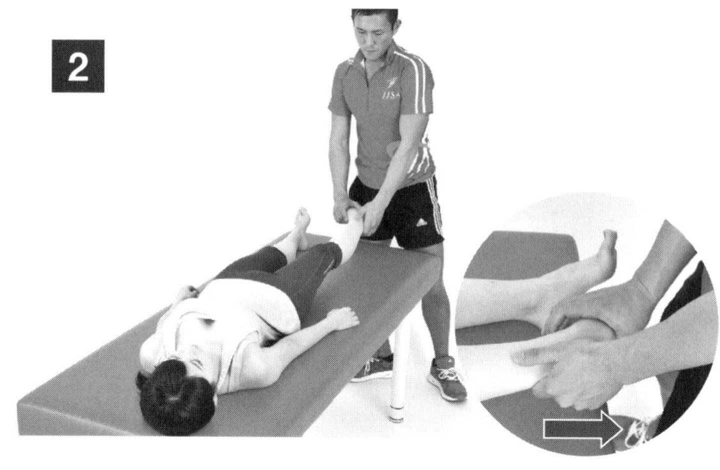

股関節は軽度内転でOK。反対の下肢に重なるくらい内転させるとシェイキングしづらいので注意。つま先を更に底屈さえるようにしながら牽引させ上下に揺らす
※矢印の方向へ軽度牽引

大腿四頭筋シェイキング把持の仕方

◇◇股関節内旋・外旋シェイキング

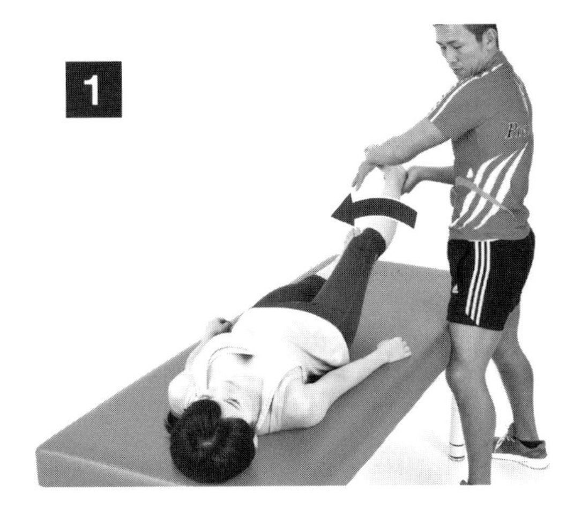

踵とつま先を把持して、股関節を内転・内旋させていく

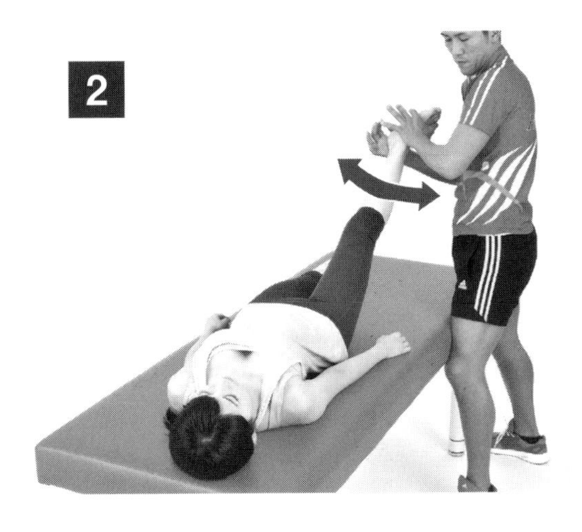

バーテンダーさんがお酒をシェイクさせるイメージ
※矢印の方向に内旋・外旋を繰り返す

◇床バージョン

術者は膝をついて胸を張りながら行う
※膝を地面につけることによって安定する

ムービング

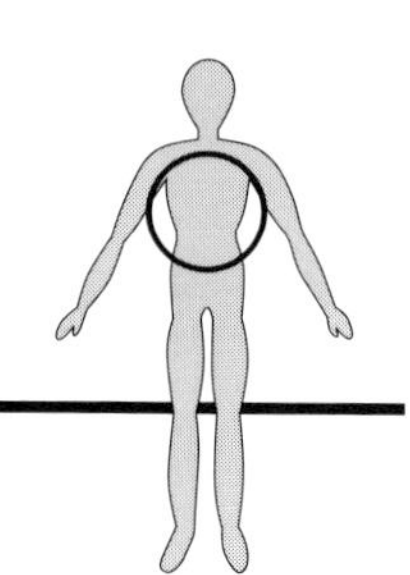

◇広背筋下部拳ムービング/最低３点で弱・中・強

目的とねらい

・広背筋下部を拳（こぶし）でほぐし腰の張りをとり、ストレッチをかけやすい状態をつくる

対象筋肉

・広背筋（拳をずらせば広背筋・僧帽筋まで対応可能）

効果

・腰回りの筋肉が緩みストレッチがかかりやすくなる
・腰痛の改善
・脚が上がりやすくなる

Point

・拳の握り方と圧のかけ方で強弱を調整する
・圧をかける場所をずらすときは股関節を屈曲・内転させ腰部を浮かせる
・背骨に拳をわざと当ててから皮膚の弛みをとる
・３点で弱・中・強、行えるようにする

※注意事項

・効かせようとし過ぎて、股関節を屈曲し過ぎ腰が浮くことがある。腰が浮くと広背筋下部に圧が入りづらい

施術方法

1

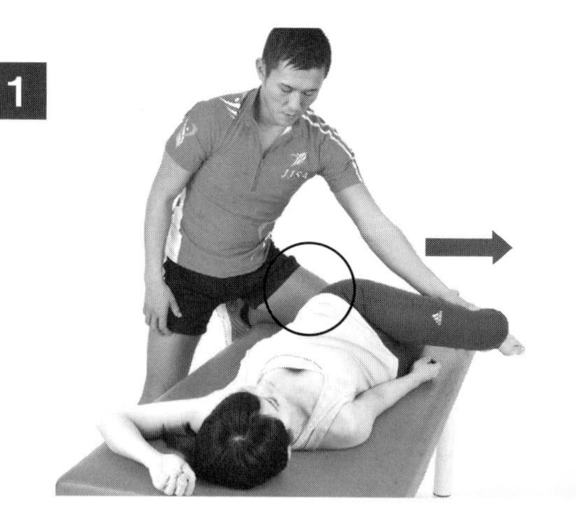

術者はクライアントの膝窩（しっか）を把持して大腿を内転させる。腰部に拳（グー）が入る空間をつくる

※丸印のように術者の膝をベッド上に置くと姿勢が安定しやすい

2

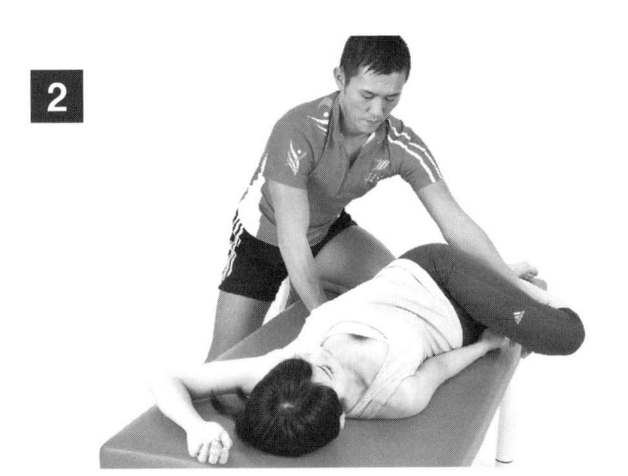

できた空間に拳を入れる。
場所は広背筋最下部の隆起の内側

3

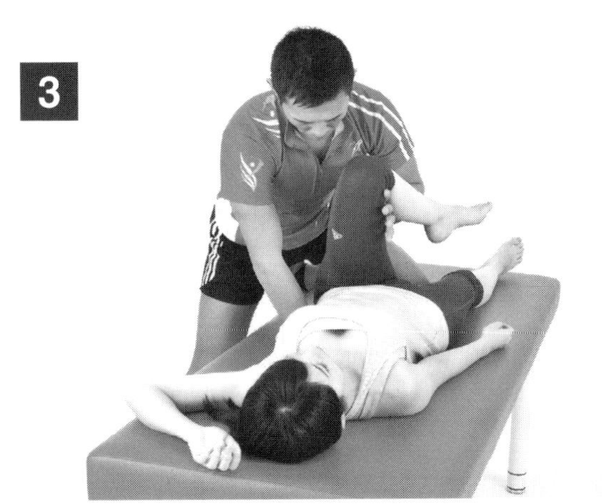

軽く棘突起に拳を当てるように、クライアントの下肢を戻す。
拳に圧が軽くかかったら、背部の皮膚のたるみをとるように、広背筋下部の隆起の内側に拳を当てる（練習が必要）。
わざと背骨に拳を当て少しづつ内側にずらす練習が効果的

4

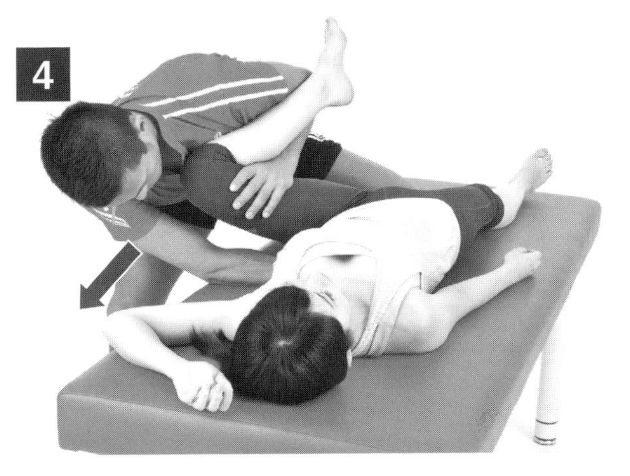

股関節を外転・外旋させ、体重をかけながら拳に圧をかけていく
※拳の位置を上にずらして３ヵ所ほどほぐす。このとき、外転・外旋が弱く、股関節の屈曲が強すぎると背部が浮き、圧が入らないので注意

◇床バージョン

術者は地面に膝をつき
ベッドと同様に行う

◈殿部拳ムービング

目的とねらい

・殿部の筋肉を拳で緩めてストレッチがかかりやすい状態にする

対象筋肉

・殿筋群・梨状筋など

効果

・殿部の筋肉が緩みストレッチがかかりやすくなる

Point

・3点ほど効かせる
・圧の方向を拳の位置を変えれば、殿部のさまざまな部分をほぐせる

※注意事項

・拳が大転子にあたらないように注意（痛いので）

施術方法

1

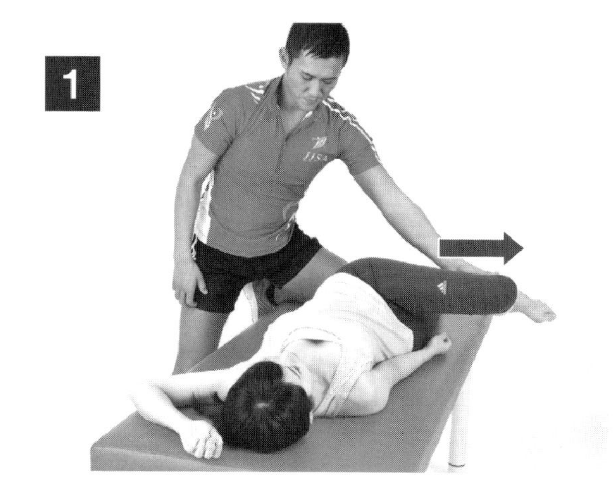

広背筋下部ムービングと同じように殿部に拳が入る空間をつくる

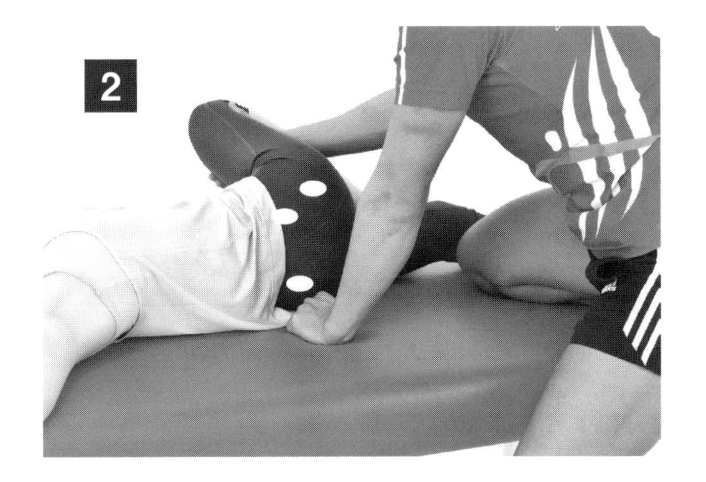

拳を殿部の下に入れる
※拳の位置を３ヵ所（左白丸印参照）ほどずらしてほぐす

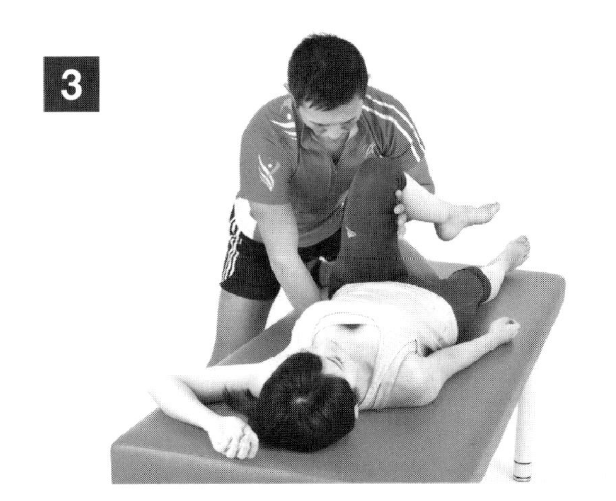

拳を入れ圧を感じとる

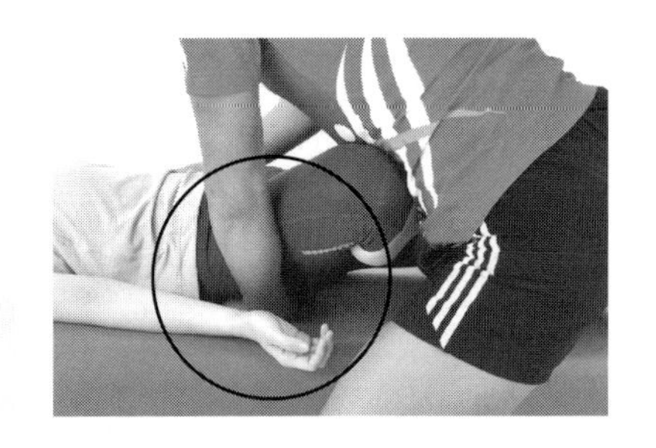

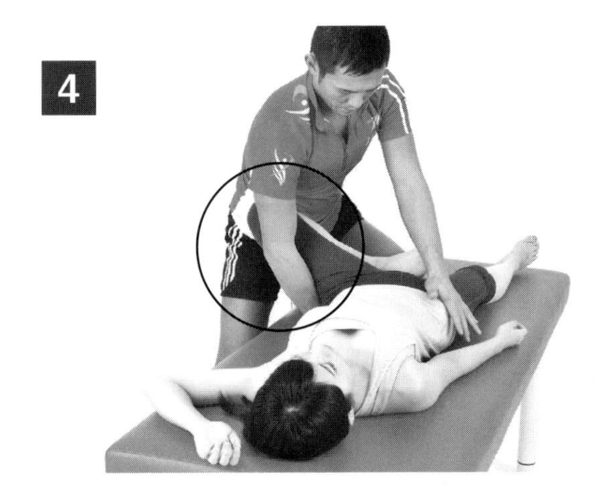

クライアントの膝を脇腹で固定する。
術者の反対の手でクライアントの上前腸骨棘を軽く押さえる

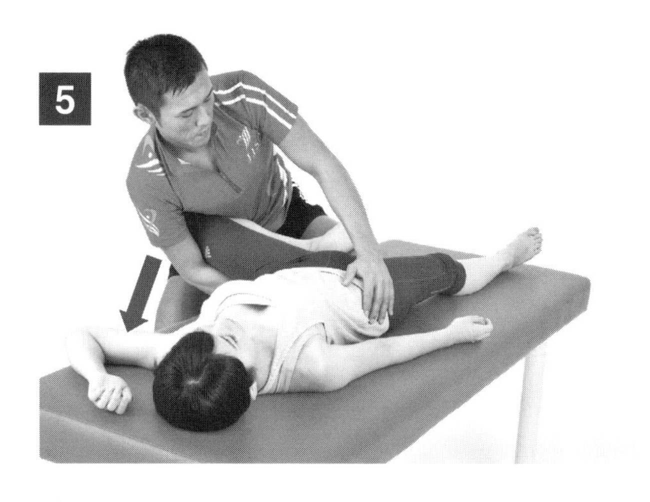

5

4の状態から矢印の方向に股関節を外転し、殿部の下に当てた拳に圧を感じながらほぐしていく。
体重のかけ方と拳の握り具合で強弱を調整する

◇床バージョン

1

術者は方膝立ちで、クライアントの大腿を内転させ拳の入るスペースをつくる

2

拳を入れて圧を感じる。
反対側の手で骨盤を押さえて固定する

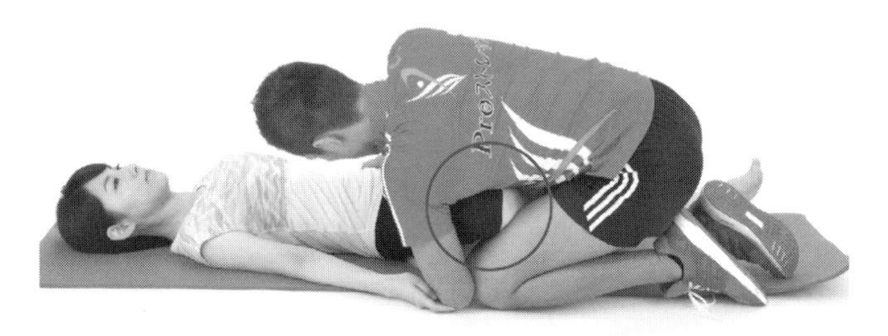

3

脇腹を使い股関節を外転し効かせる

◇大腿四頭筋肉起始部ムービング（DVDには入っていません）

目的とねらい

・大腿四頭筋を緩めストレッチがかかりやすい状態をつくる

対象筋肉

・大腿四頭筋肉
・大腿筋膜張筋

効果

・股関節周囲が動かしやすくなる
・腰痛の改善

Point

・クライアントの股関節をしっかりと外転・外旋させてから押さえる
・押さえている手をコンパスの針の支点のようにする

※注意事項

・押さえている手の方で腸骨棘をがっつり押さえると痛いので注意

施術方法

1

術者はクライアントの足首を把持し、股関節を外転・外旋する。
ベッドにのせた脚の上にクライアントの脚をのせる

2

大腿直筋起始部、下前腸骨棘の下を内側から外側に圧をかけるように把持する
※真上から真下の圧ではない。

把持している右手はコンパスの針のようなイメージ

3

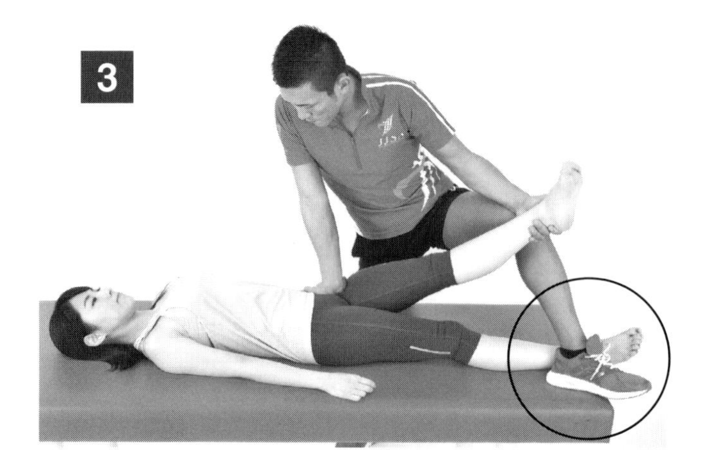

左脚をクライアントの右下腿のところに置く。
把持の手を緩めずに下腿を内転させていく（この段階でもう効いている）

4

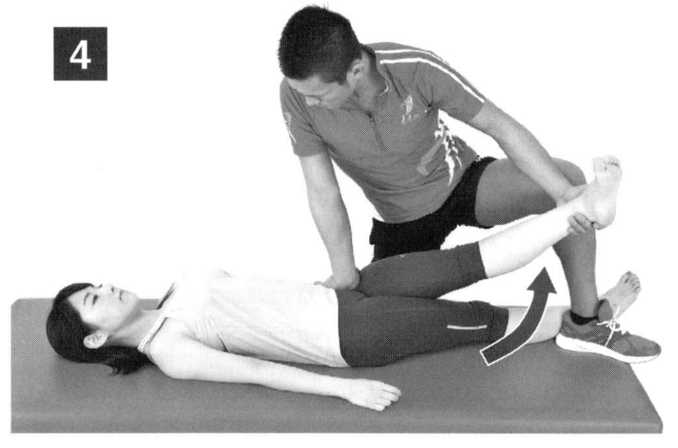

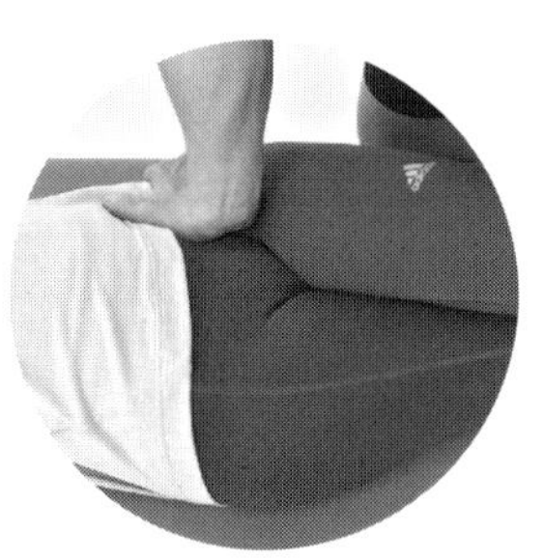

さらにクライアントの反対の下腿を左足で内転させ、効かせる

◇床バージョン

術者の膝を地面につきベッドと同じよう行う

❖大腿筋膜張筋起始部ムービング

目的とねらい

・大腿筋膜張筋起始部をムービングしてストレッチがかかりやすい状態にする
・股関節の動きをスムーズにする

対象筋肉

・大腿筋膜張筋

効果

・腰痛改善
・エックス（X）脚改善
・脚が軽くなる

Point

・最初の把持でしっかりと大腿筋膜張筋に効かせる
・起始部を３点ほど緩める

※注意事項

・圧の方向が真下だとクライアントが不快な痛みを覚えるので注意

施術方法

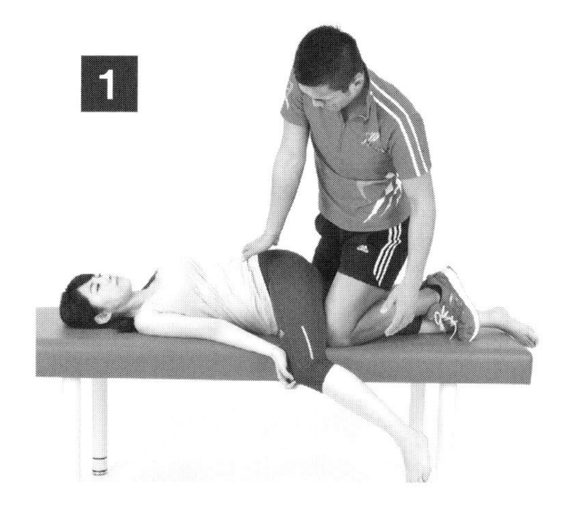

クライアントの上に膝立ちでまたがり手根で大腿筋膜張筋を把持する

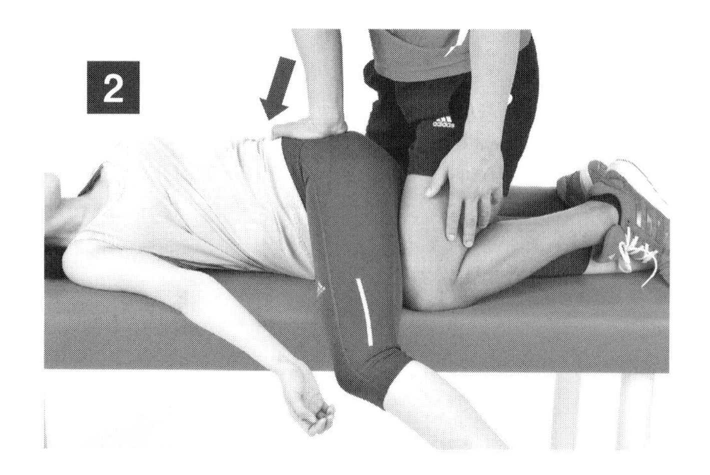

矢印の方向へ圧をかける。
真下にかけない

さらに右手で大腿筋膜張筋を把持すると大腿が上がってくるのがポイント。
ここから反対の手で膝を押し大腿を内転させる

矢印の両方向に圧をかける

◇床バージョン

術者が上に行きすぎて、クライアントの下腿を内転させるときに、術者の下腿が引っかからないように注意する

ダイナミックストレッチ

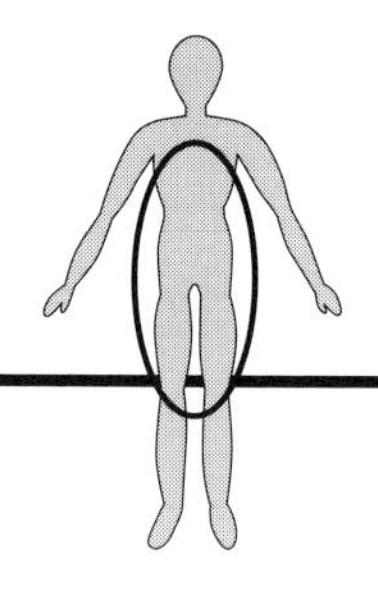

◇体幹分回し

目的とねらい

・ダイナミックストレッチの要素を入れて体幹、腰部、殿部、大腿部を緩める

対象筋肉

・腰部から大腿部の筋肉

効果

・体幹、腰部、殿部、大腿部を緩めストレッチがかかりやすい状態にする
・腰痛の改善

Point

・クライアントの肩の把持で、押さえてるほうの手を、痛くないようにする

※注意事項

・ご高齢の方には不向きな手技です。若い方に行う場合も安全第一で行ってください

施術方法

1

クライアントにまたがり、肩を軽く押さえて、下腿を膝裏あたりから把持する

矢印の方向へ左手で下腿を押す

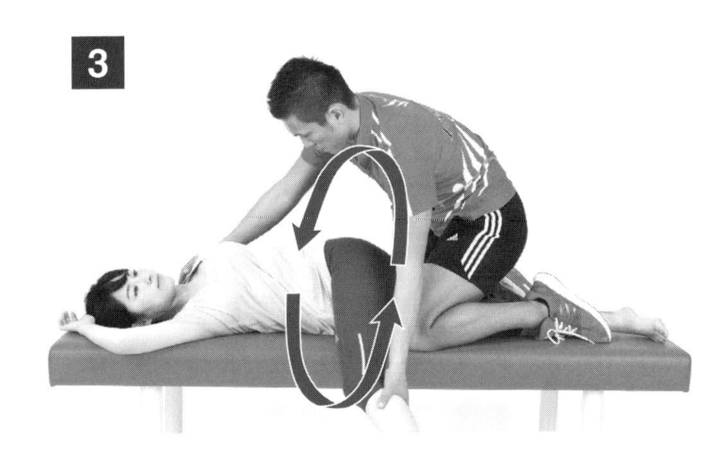

下腿を前方に放り投げるように、円を描きながら回していく

◇股関節抜き

目的とねらい

・重力などにより常に軸圧がかかった股関節を牽引することにより動きをスムーズにする
・股関節回りすべてのストレッチがかかりやすくする

対象筋肉

・股関節周囲の筋肉

効果

・股関節回りのすべてのストレッチがかかりやすくなる
・脚が軽くなる

Point

・しっかりと把持して体重で抜く

※注意事項

・股関節の脱臼癖のある方には行わない
・腸骨棘に圧をかけると痛いで注意

施術方法

1

クライアントの膝窩を大腿の付け根にのせる。腸骨棘を圧迫しないように四頭筋起始部あたりを把持する

2

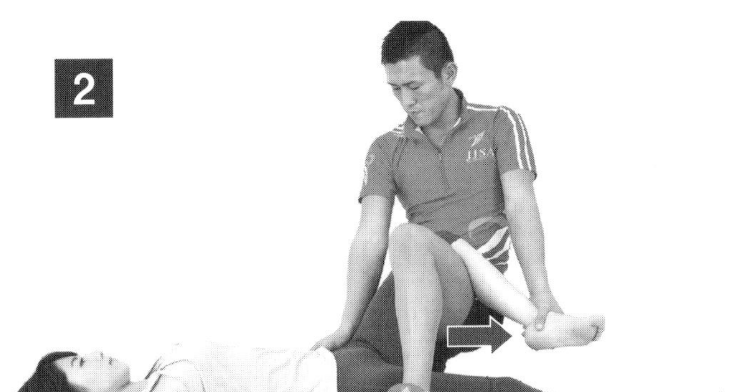

把持した手を緩めないように、矢印の方向に牽引する

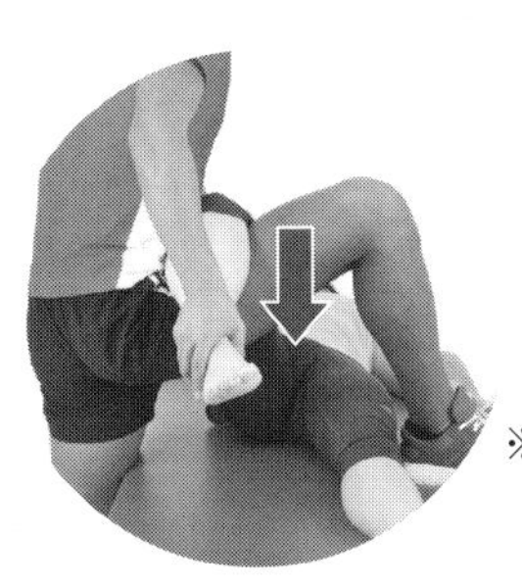

※真っ直ぐの方向に牽引

3

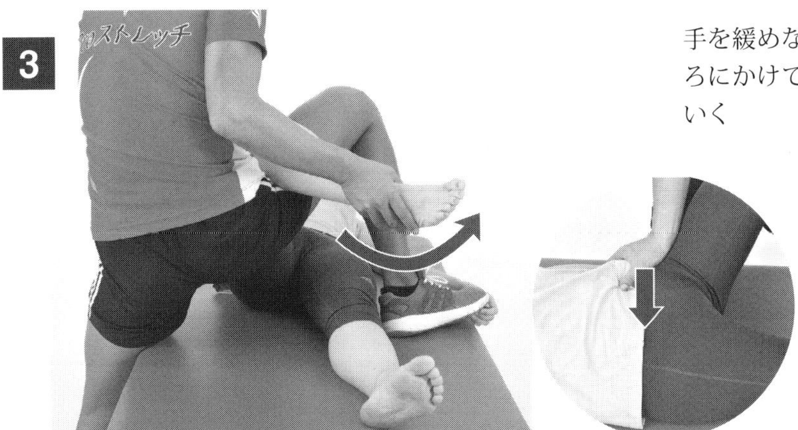

手を緩めないように体重を後ろにかけて股関節を牽引していく

※矢印の方向に圧をかけ、股関節を外旋させ、牽引がかかる部分をずらしていく

4

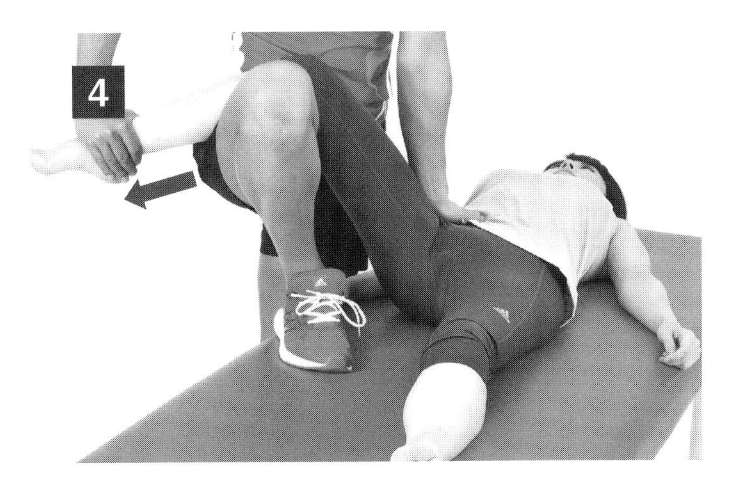

股関節を内旋させて牽引も行う

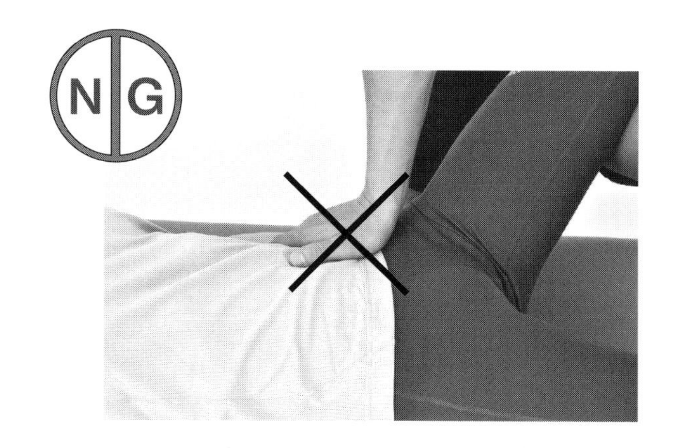

押さえるときに腸骨棘を圧迫
すると痛いので注意

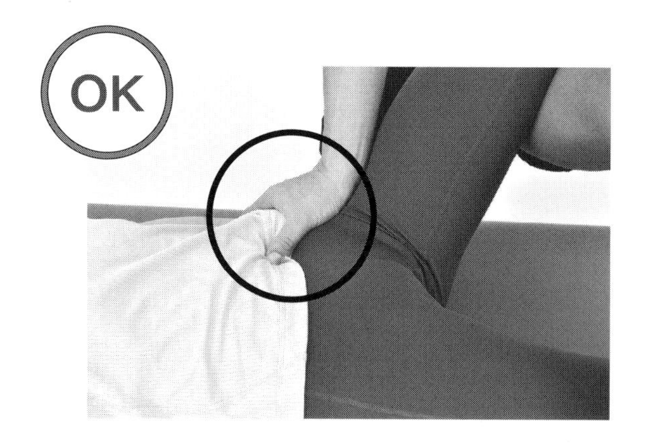

練習を積んで押す部位を覚え
よう（練習が必要）

◇床バージョン

術者は方膝をつき状態を安定
させ体重を後方にかけて股関
節を抜く

第2章

仰向け下半身・本格的にストレッチ

ハムストリング膝押し(ムービング)

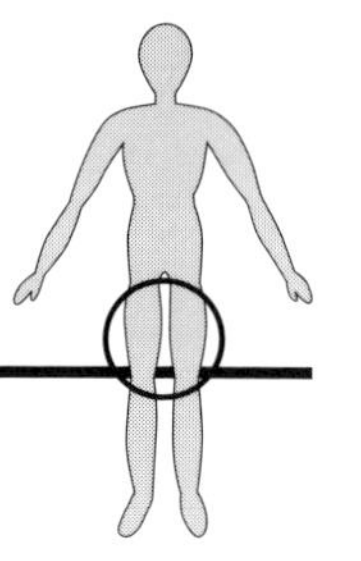

目的とねらい

・ハムストリングを膝で押して緩め、ストレッチがかかりやすい状態にする

対象筋肉

・ハムストリング
・腓腹筋（起始部）

効果

・ハムストリングが伸びやすくなる
・腰痛改善

Point

・内側、上・中・下（半腱様筋・半膜様筋）、外側、上・中・下（大腿二頭筋）をしっかりと狙う
・基本的に垂直に圧をかける

※注意事項

・膝でグリグリこねるように圧力をかけると揉み返しの原因になるので注意

施術方法

クライアントの股関節、膝関節を90度屈曲してハムストリングの起始部から膝で矢印の方向へ3点（各点外・内側）圧をかける。（次ページ参照）

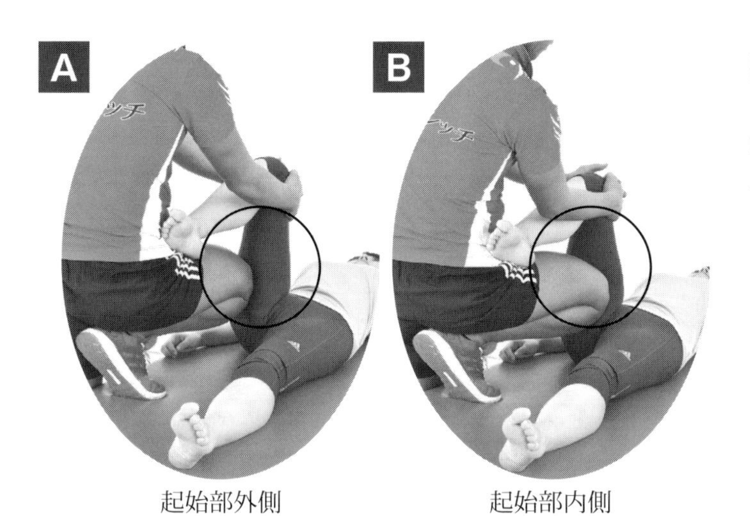

起始部外側　起始部内側

膝を把持して1点目、ハムストリング起始部を、外側A・内側Bに分けて、膝で圧を加えていく

いったん圧を抜き、場所をずらして2点目、ハムストリングの真ん中を外側・内側に分けて、圧をかける

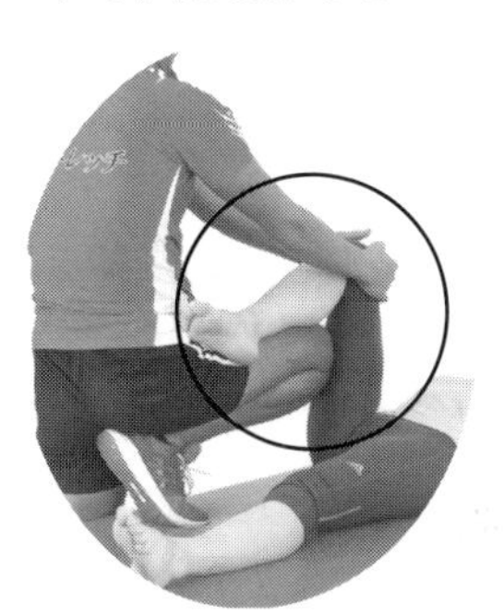

真ん中外側

同じように3点目、ハムストリング停止部を外側・内側に分けて圧をかける

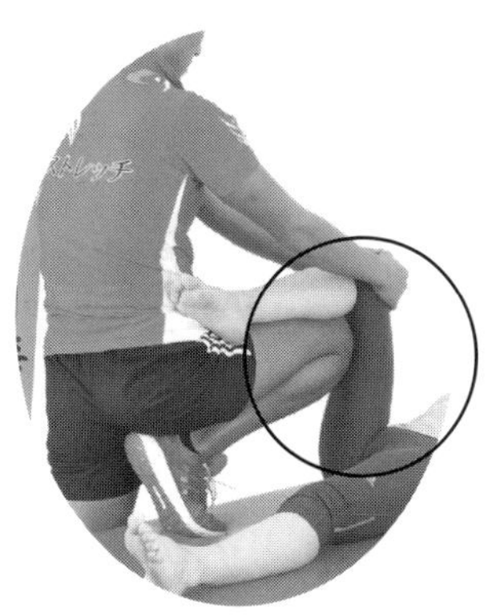

停止部外側

ハムストリングを緩めた後、術者はベットに座るように腰を落とし、膝の上部でクライアントの腓腹筋起始部を緩め、効かせる

クライアントの足首のあたりを脇腹で把持するとやりやすい

ハムストリングス膝押しの姿勢

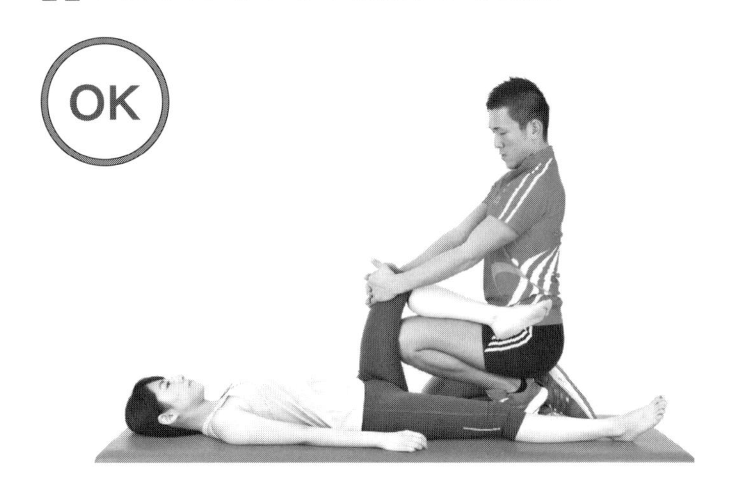

OK

背筋を真っすぐに伸ばし、軽く胸を張る

NG

背中が丸まってかっこ悪い。術者のお尻と踵が離れているので安定しない

重心が前のめりになり膝、下肢の力で押してしましまっている

◇床バージョン

基本的にやり方は同じ、施術ベット、床両方できるようになろう！

ストレッチ

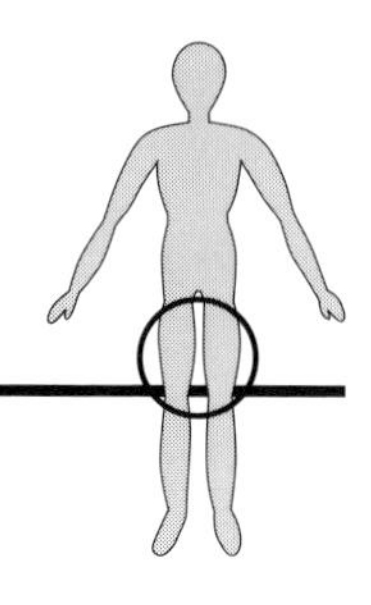

◇ハムストリングのストレッチ

目的とねらい

・ハムストリングを伸ばしハムストリングの作用を行いやすくする
・正常可動域の90度以下の場合は、腰痛の原因になるのでクライアントに
　腰痛の説明をするときなどに使える

対象筋肉

・ハムストリング

効果

・腰痛の改善
・足が上がりやすくなる
・骨盤後傾の改善
・腰椎ヘルニア予防

Point

・膝が曲がらないように注意する
※あえて膝を曲げるパターンもある

※注意事項

・クライアントの下腿を抑える際に強く押さえてしまうと痛い
・クライアントの踵を把持する手が、アキレス腱に引っかかると皮膚が引っ張られて痛いので術者の掌底あたりをクライアントの踵にあてるように行う

施術方法

1

クライアントの踵を手のひらで支える

前後から足首を把持し、矢印の方向へ軽く牽引する

クライアントの膝を軽く押さえ、膝が曲がらないように上げていく
※術者は矢印の方向　斜め上（30度ほど）に弧を描くように軽く押していく

クライアントの膝周辺を術者の脚で押さえ、代償運動がでないようにする

反対側の脚に代償作用が出て、足が浮いてしまい効いていない

膝が中途半端に曲がっている

◇床バージョン

足を押さえる際には体重がかかり過ぎないように注意。とくに床だと強く押さえすぎてしまうことが多いので注意する

◇ハムストリングストレッチ足関節背屈バージョン

目的とねらい

・普通のハムストリングストレッチよりも深く強く効かせる。膝裏が固い人に効果的

対象筋肉

・ハムストリング
・腓腹筋

効果

・通常のハムストリングストレッチよりも、強く深く効く
・膝が伸びやすくなる

Point

・クライアントの膝を軽度過伸展させるイメージで行う

※注意事項

・勢いよく伸ばさない
・ゆっくりと足関節を背屈させる
・じわじわ効かせる

施術方法

1

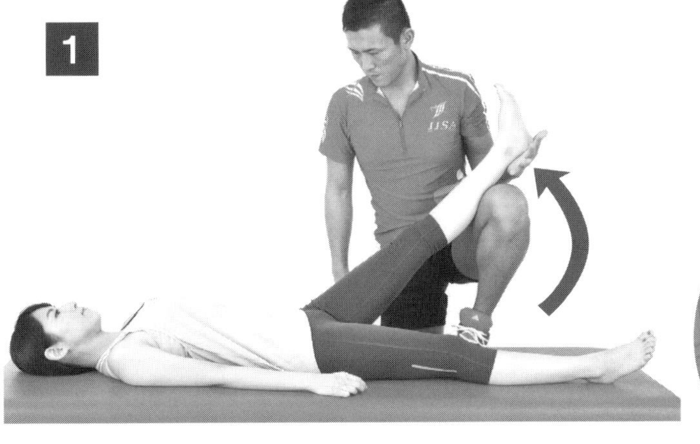

クライアントの踵を手のひらで支えゆっくり上げてくる

膝を矢印の方向に圧をかける。
軽度過伸展させる方向に圧をかけ、足関節を矢印の方向に背屈させ深く効かせていく

◇床バージョン

床で行うとベットで行うときよりクライアントの足関節を背屈させづらい傾向がある
※つま先の先を把持することを意識すると行いやすい

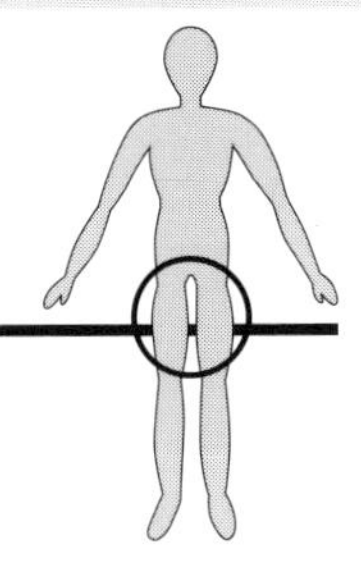

大殿筋ストレッチ

目的とねらい

・大殿筋の可動域をあげて股関節の屈曲・伸展をしやすくする

対象筋肉

・殿筋群

効果

・股関節の屈曲・伸展、どちらもやりやすくなる
（例えば、走るときに大腿が屈曲しやすくなるので足が速くなる）
・股関節の伸展・屈曲がスムーズになることから、
多くのスポーツでのパフォーマンスがアップする

Point

・高強度のストレッチでも怪我をしにくい部位なので、強めに伸ばす

※注意事項

・殿部が固い方は膝関節に支点がかかり痛めやすいので、膝関節を鋭角屈曲にして支点を殿部に移す

施術方法

1

クライアントの下腿を内転させ術者は反対側に移動する

クライアントの足首と膝を把持し、股関節を屈曲し、膝関節を100度前後屈曲しながら左のような体制をとる

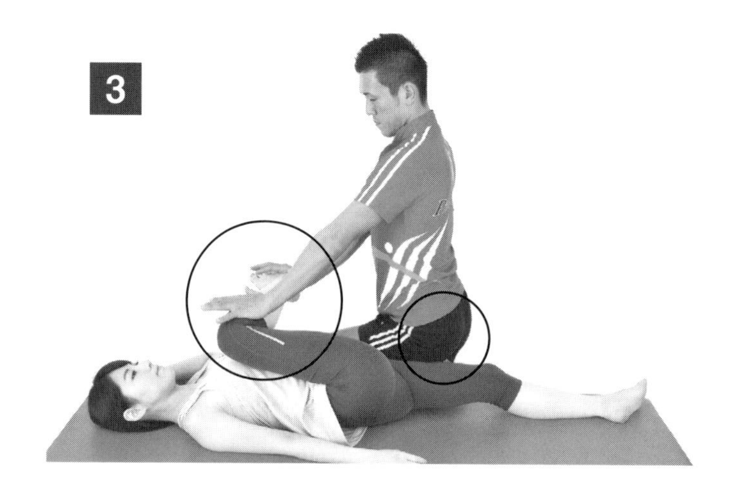

自身の殿部をクライアントの大腿の外側に軽くあてて押さえる。膝関節を100度前後屈曲し、股関節をさらに屈曲していく

クライアントの殿部が固く上記**3**のやり方で伸ばしにくい場合、膝を鋭角に屈曲し、支点を殿部に移すと大殿筋に効きやすくなる

左手の押さえる位置が悪く、股関節の外旋が弱く殿部が伸びていない

圧が矢印の方向（真下）にかかってしまい、効きも悪くクライアントも息苦しくなる

◇床バージョン

クライアントの左脚が上がってきてしまう場合があるので、術者の左殿部で押さえる

内転筋膝関節屈曲ムービング

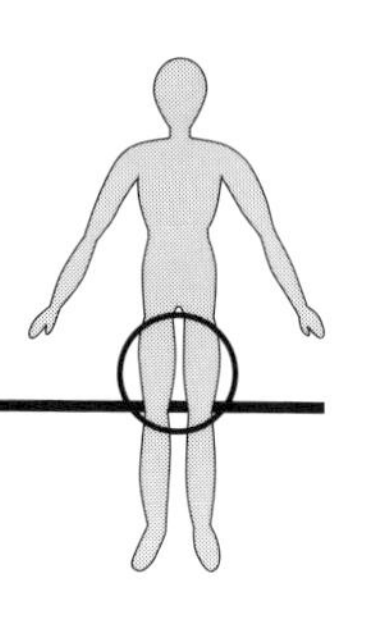

目的とねらい

・内転筋を手刀でゆるめ、内転勤にストレッチがかかりやすくする

対象筋肉

・内転筋群

効果

・股関節の動きがなめらかになる
・内転筋が伸びやすくなる
・腰痛の改善

Point

・手刀でまず効かせてから、反対の手で股関節を外転させさらに効かせる

※注意事項

・股間をせめ過ぎない

施術方法

1

術者はクライアントの足首を把持し、下腿を外転する

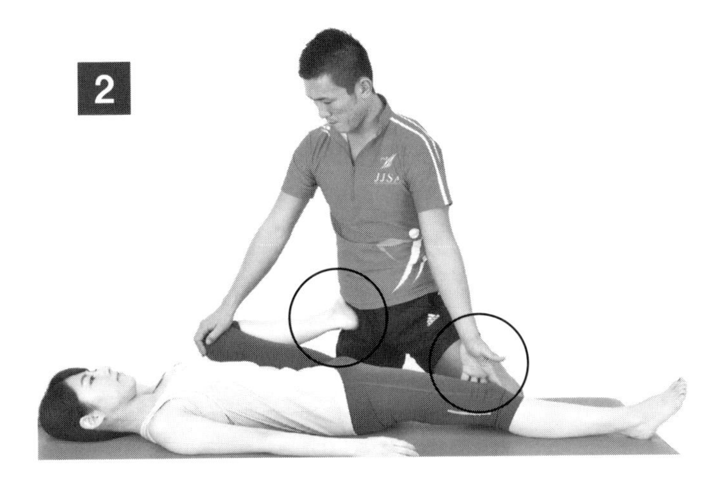

クライアントの足の裏を術者の上前腸骨棘あたりにあて、膝関節・股関節を鋭角屈曲する。クライアントの下腿が内転してくるので左手で添えるように押さえる

膝関節の屈曲が甘く後からの手刀での圧迫が効きづらい

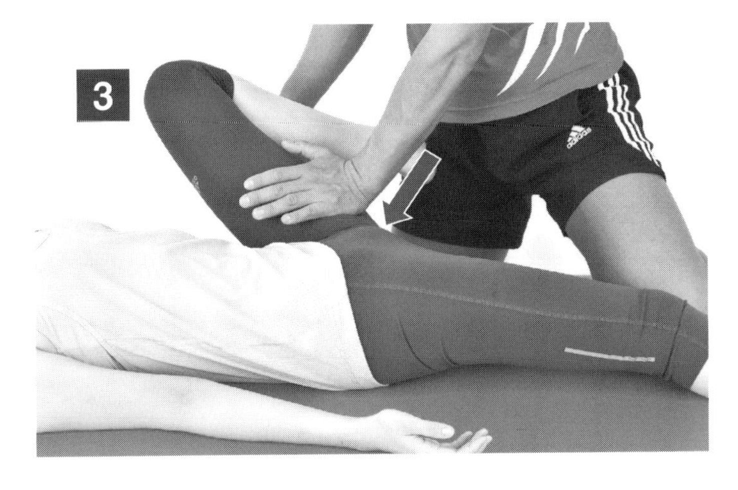

矢印の方向へ手の小指側、手刀を使い内転筋を圧迫し効かせる

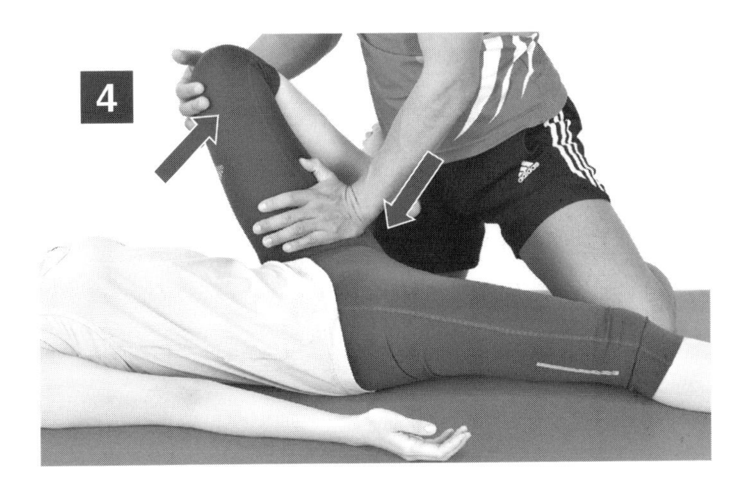

圧をかけた反対の手で膝のあたりを下から引っ張り上げ、手刀で押した部分にさらに効かせる

※このとき、手刀で緩めた部分の圧が抜ける方が多いので注意

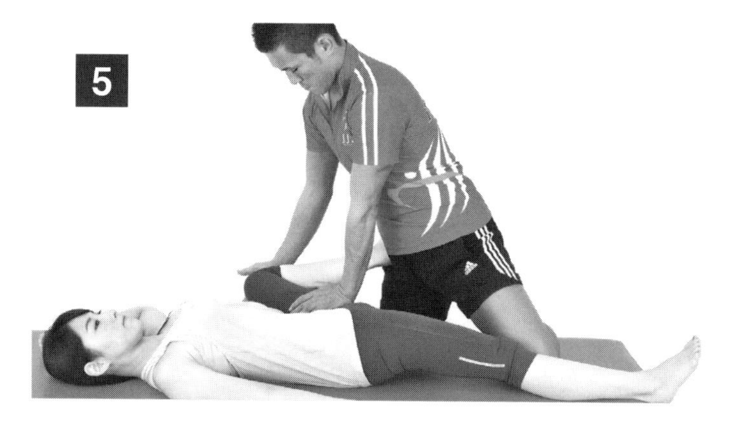

4より強く効かせたい場合は、クライアントの下肢をベッドより少し床寄りにたおす。床と平行でないので、この段階で手刀で患部に効かせる

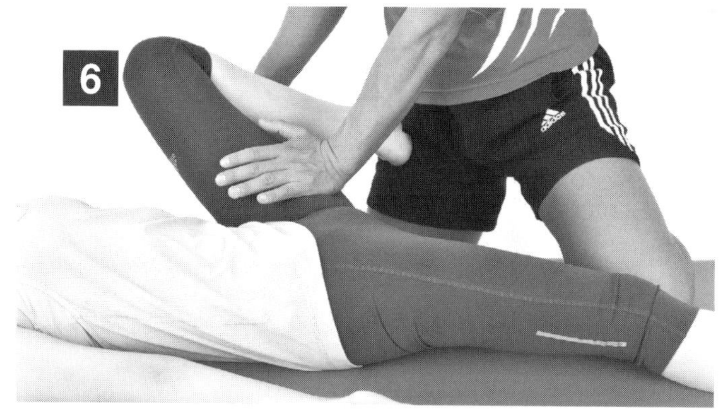

先ほどの状態から股関節を内転してくる。下記白丸印の6点に効かせる

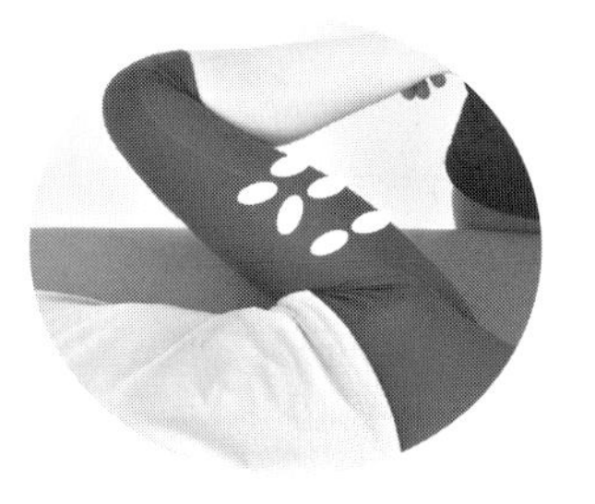

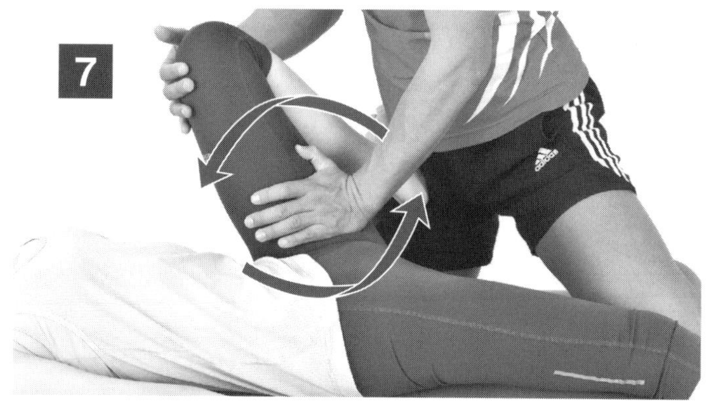

さらに、矢印のように円を描いて回わす

◇床バージョン

床で行う場合は、術者の大腿全面にクライアントの下腿をのせ、角度をつけると内転筋に効かせやすい

内転筋膝関節伸展ムービング

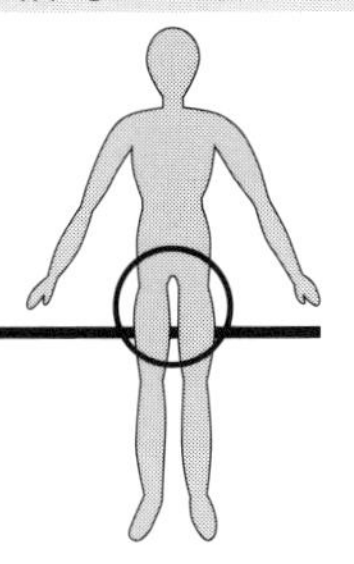

目的とねらい

・内転筋膝関節伸展位で緩めてストレッチがかかりやすい状態にする

対象筋肉

・内転筋群

効果

・股関節の動きが滑らかになる
・開脚がしやすくなる（開脚には股関節外転筋も大きく関係する）

Point

・術者の脚を開いて高さを調整する

※注意事項

・痛めやすいので、ゆっくり行う

施術方法

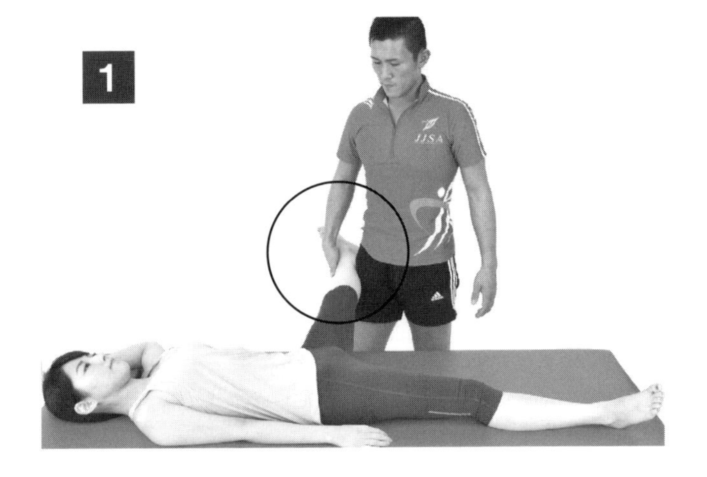

クライアントのアキレス腱のくぼみを術者の腰骨辺りで安定させ股関節を外転させる

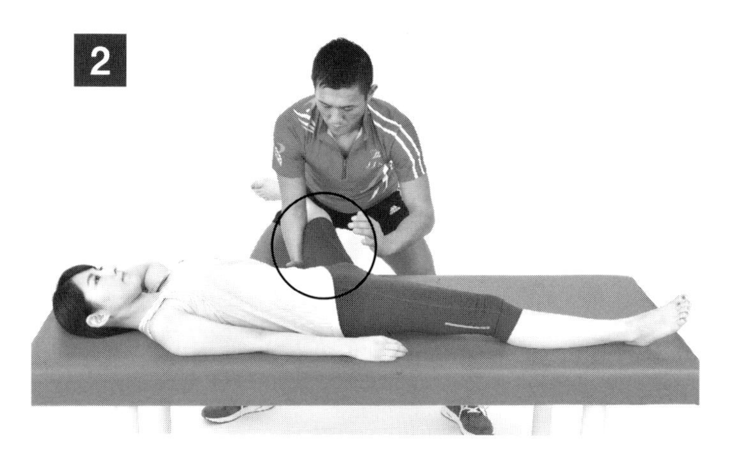

術者の右前腕でクライアントの大腿部を把持する
※前腕の面を使う。点で押さえると痛いので注意する

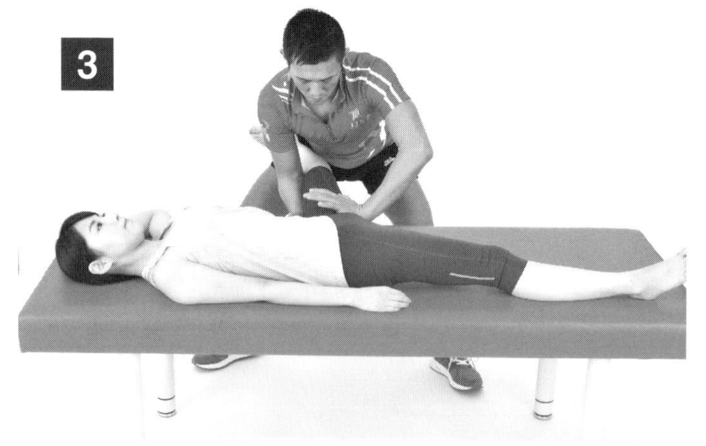

その状態から反対の手の手刀で内転筋を6点（下図参照）ほど圧をかけ緩ませる

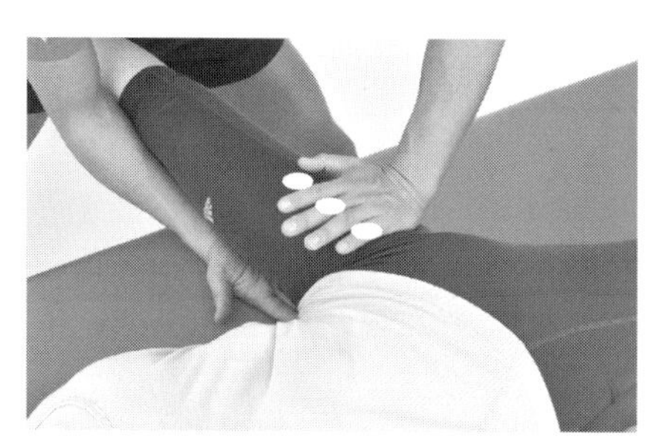

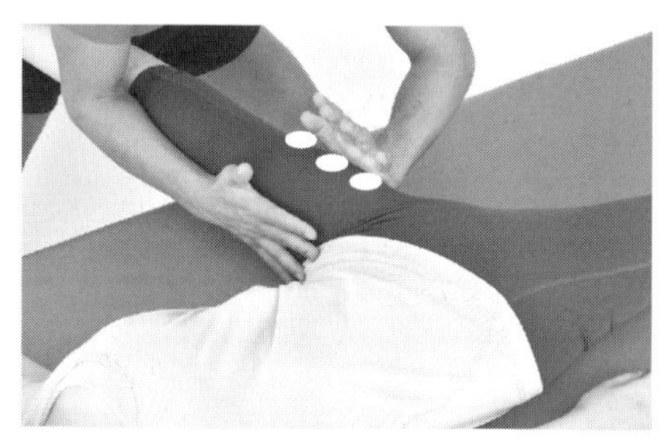

大腿部を手根で押さない

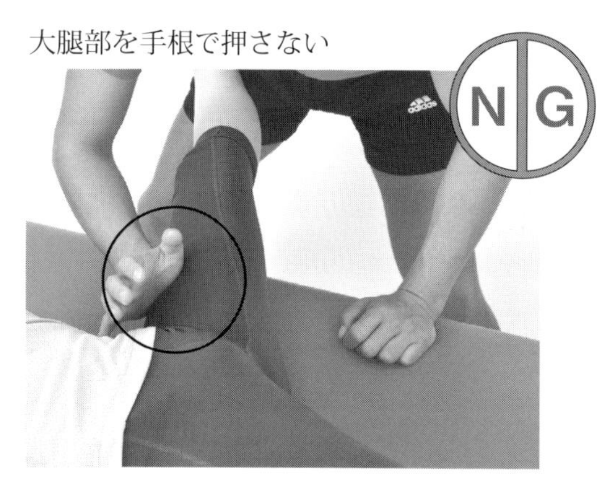

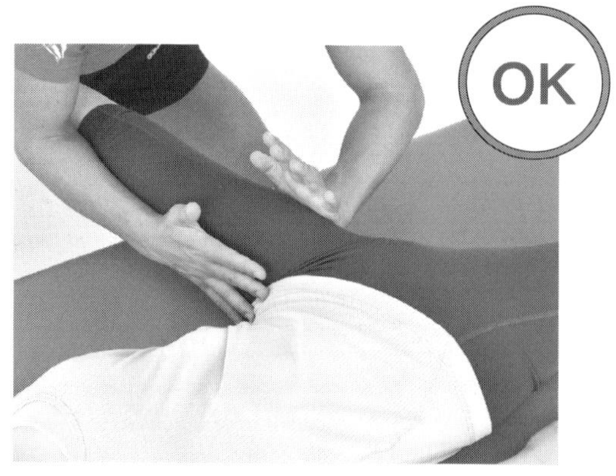

ストレッチ

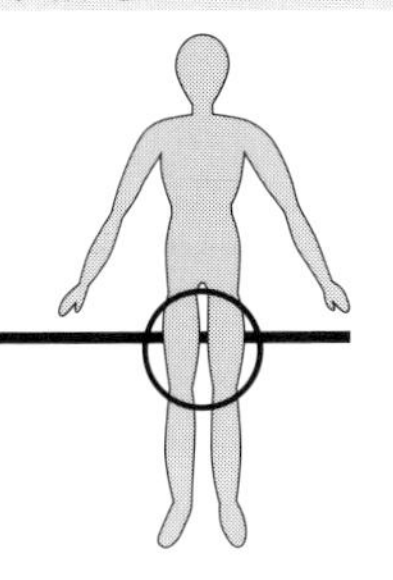

◇内転筋膝関節屈曲ストレッチ

目的とねらい

・内転筋を伸ばして可動域をあげる

対象筋肉

・内転筋群

効果

・股関節の動きが滑らかになる
・腰痛の改善

Point

・股関節、膝関節を最大に屈曲させてから、股関節を外旋させる

※注意事項

・怪我をしにくい伸ばし方なので、しっかり伸ばす
・結構な力で行わないと効きづらいことがある

施術方法

1

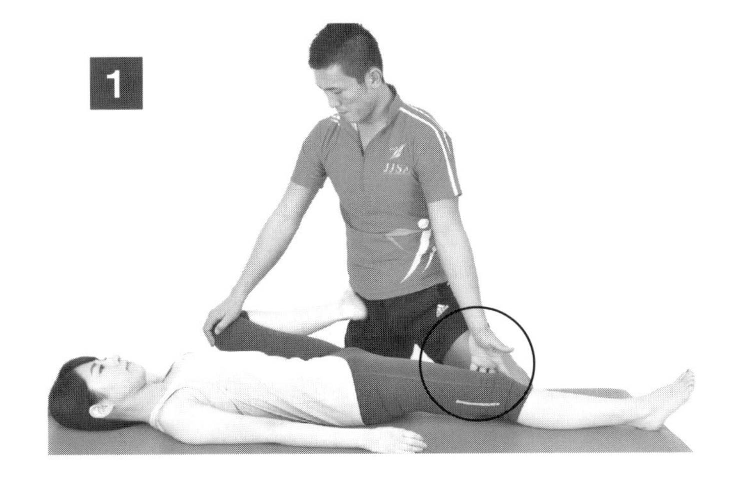

術者の上前腸骨棘あたりにクライアントの足の裏をあてる

※股関節、膝関節を最大屈曲にする
このとき反対の手で代償作用が出る脚をひざ内側から軽く押さえる

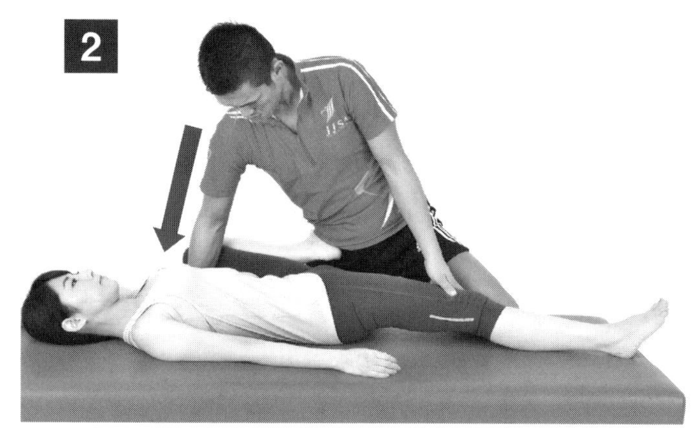

膝関節、股関節を最大屈曲させた後、体重で前に押しながら右手でベッドをつかみ、前腕のあたりでクライアントの膝付近を地面方向に押し、股関節を外旋させて効かせる

NG

膝関節の屈曲が甘すぎる。
全く内転筋に効かない

◇床バージョン

①術者の足首にクライアントの足の裏を当てる
②そのまま体重をかけてクライアントの股関節・膝関節を最大屈曲位にもってくる
③そして術者の手で股関節を外旋させて内転筋に効かせる
④反対の手はクライアントの膝内側を軽く押さえ、代償作用が出ないようにする

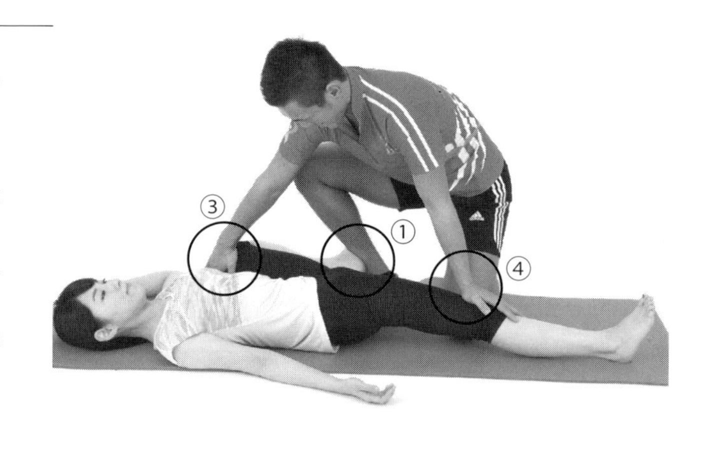

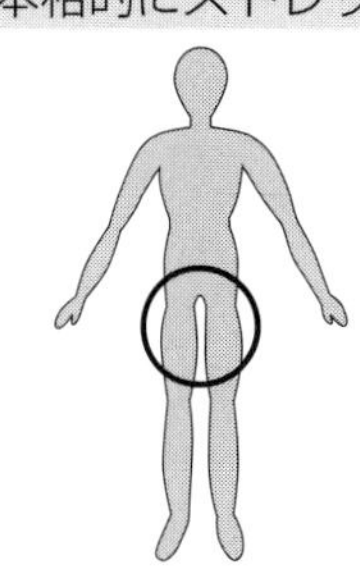

◇内転筋膝関節伸展ストレッチ

目的とねらい

・内転筋を伸ばして股関節の可動域をあげる

対象筋肉

・内転筋群

効果

・股関節の動きが滑らかになる
・開脚がしやすくなる（開脚には股関節外転筋も大きく関係する）

Point

・クライアントの膝が曲がらないようにする

※注意事項

・代償を押さえる手を最初はあまり力を入れずに押さえ、ケガのないようにする
・初心者が行うパーソナルストレッチでこの技が一番ケガが多い

施術方法

1

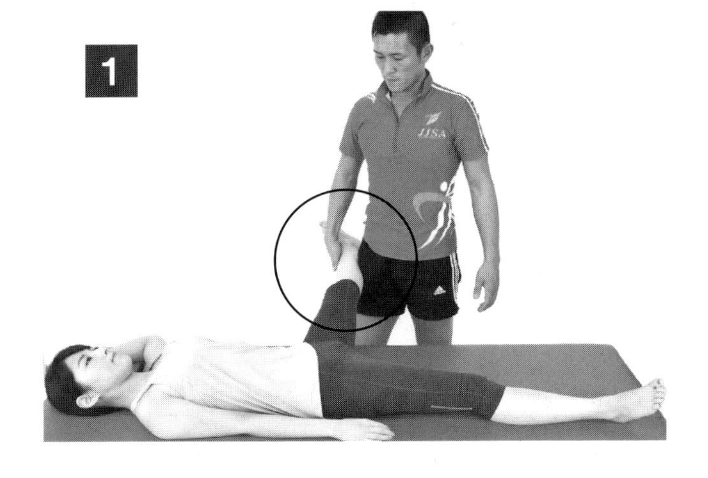

クライアントのアキレス腱のくぼみを術者の腰骨あたりで安定させ股関節を外転させる

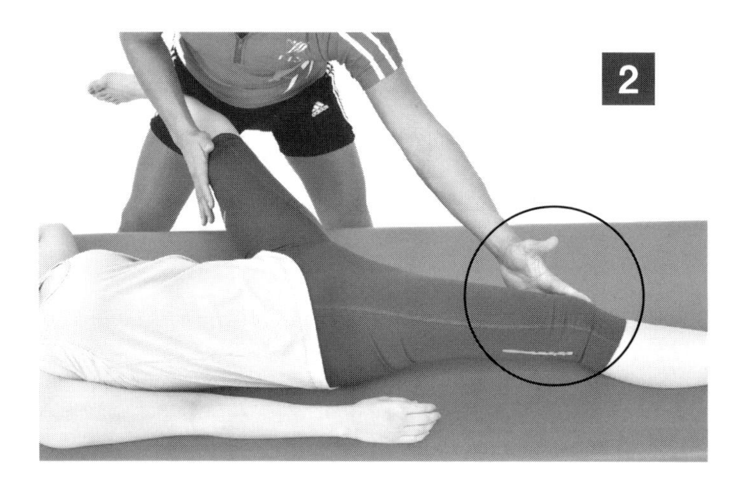

クライアントの膝の内側に手を添えるように押さえる。
反対の手でクライアントの膝を軽く押さえる

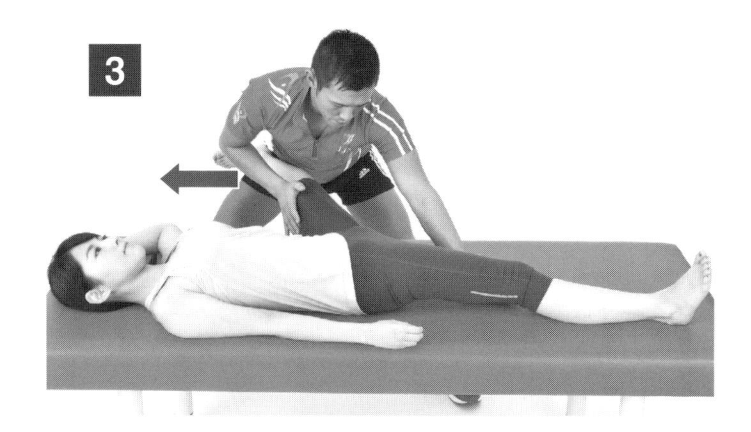

慎重に股関節を外転し広げていく

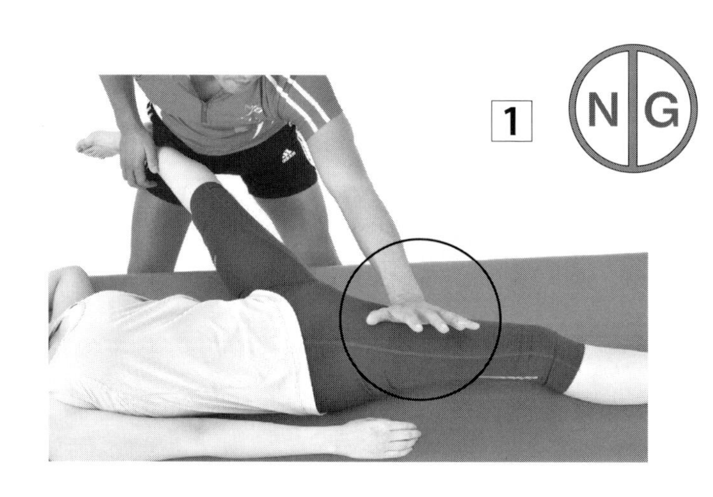

クライアントの大腿内側を押さえてしまい痛い

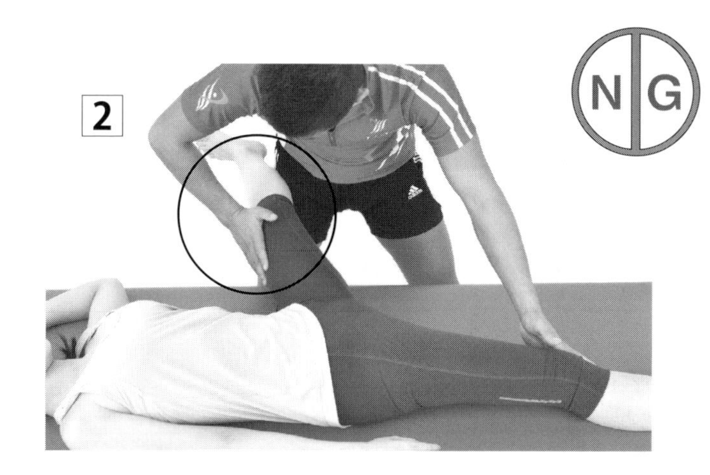

術者の腰骨、大腿部がクライアントの腓腹筋を圧迫して痛い

◇床バージョン

術者の足首あたりにクライアントのアキレス腱部をあてて、術者の脛骨下部に固定すると安定する

体幹ひねりストレッチ

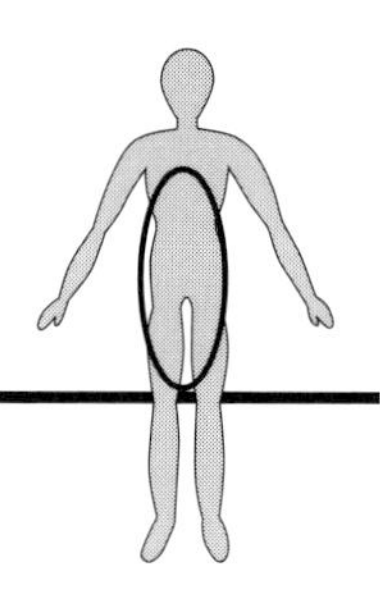

目的とねらい

・体幹を捻り腰の可動域をあげる

対象筋肉

・腰方形筋、殿筋群、脊柱起立筋群

効果

・背部、腰部、殿部までストレッチがかかり、全体的に可動域があがる
・腰痛の改善

Point

・体感を捻るときに仙腸関節に手をあてることにより安定感が増す

※注意事項

・高齢の方には細心の注意をはらう。状況を判断して行わないことも

施術方法

1

術者はクライアントの下腿を内転させ、膝窩あたりに腰をあてる

2

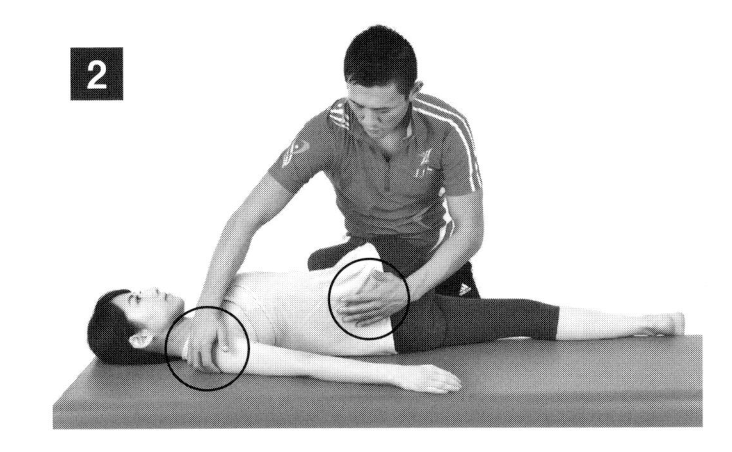

クライアントの肩が浮いてくることを抑えるために肩を軽く押さえる

3

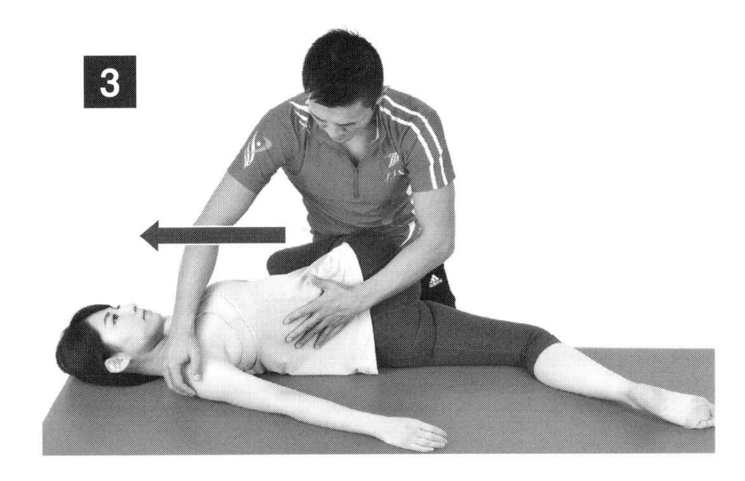

2の状態からクライアントの股関節をさらに屈曲させ強く効かせる

4

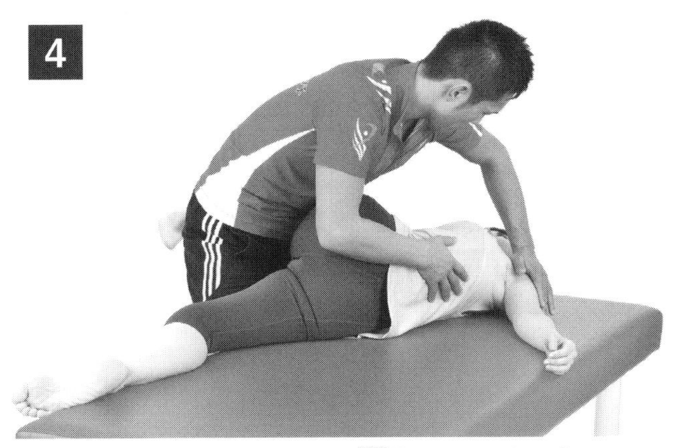

3後ろから見た写真

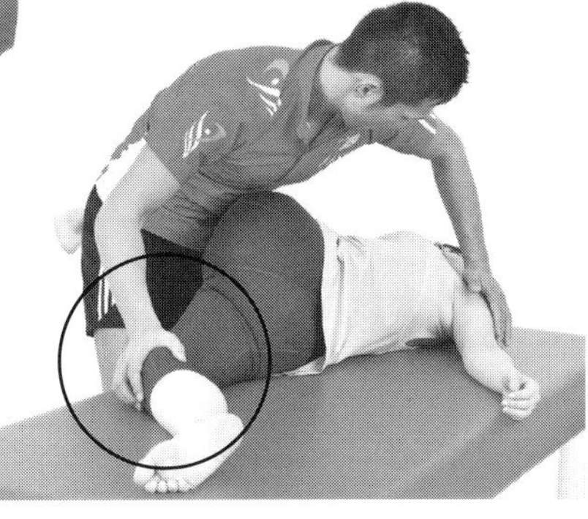

クライアントの脚が落ちそうな場合は、膝を押さえて固定する

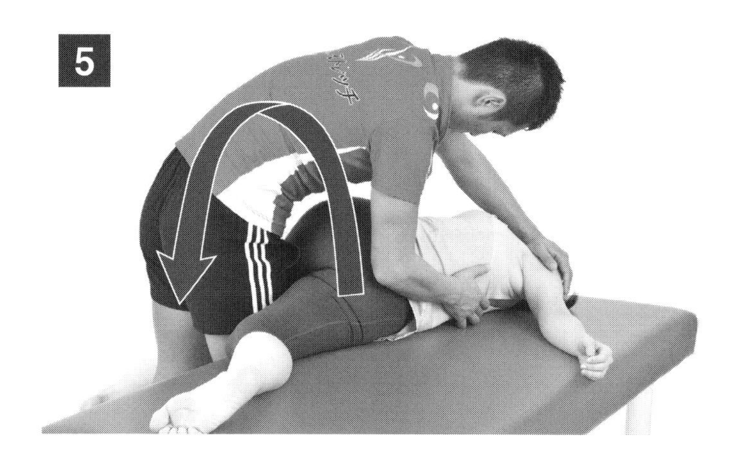

2 3 4の状態からクライアントの下腿をさらに下方向に落とし体幹を捻ることによって、伸びる部位が変わり腰方形筋などにも効いてくる

◇床バージョン

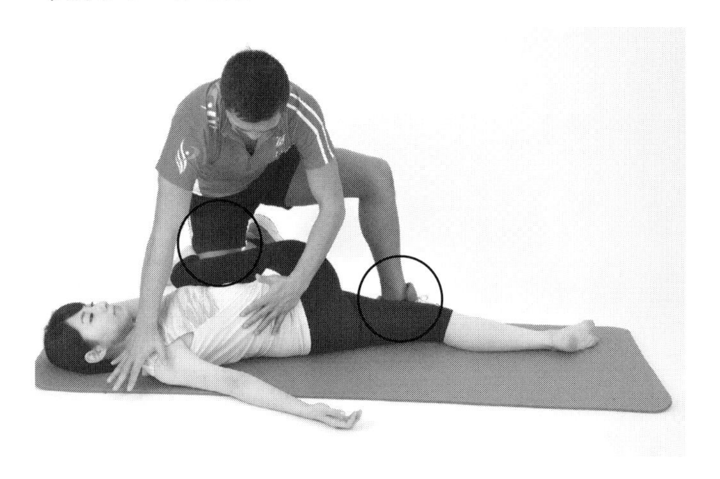

クライアントの股関節を屈曲してくると反対側の下肢がついてくるので術者の脚でしっかりと押さえる。
術者は片膝を地面につきクライアントの膝窩あたりにあて股関節を屈曲してくる
※床の場合は体感を捻りにくいので3は行わない

脛骨肘押し

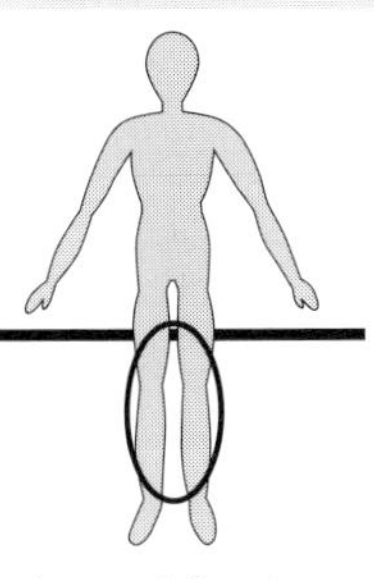

目的とねらい

・脛骨筋を緩めることによって足首の動きを良くする（低背屈しやすくなるのでアキレス腱ストレッチを行いやすくなる）

対象筋肉

・前脛骨筋

効果

・足首の動きが良くなる。特に底背屈しやすくなる
・後でアキレス腱を伸ばすときに伸ばしやすくなる

Point

・筋腹ではなく脛骨の際を狙う
・圧を加えながら足首を回すと効果的
・肘の角度と体重のかけ方で圧の力を調整する
・脛骨から筋肉をはがす感覚で押す

※注意事項

※圧の方向が脛骨に向かうと痛い

施術方法

1

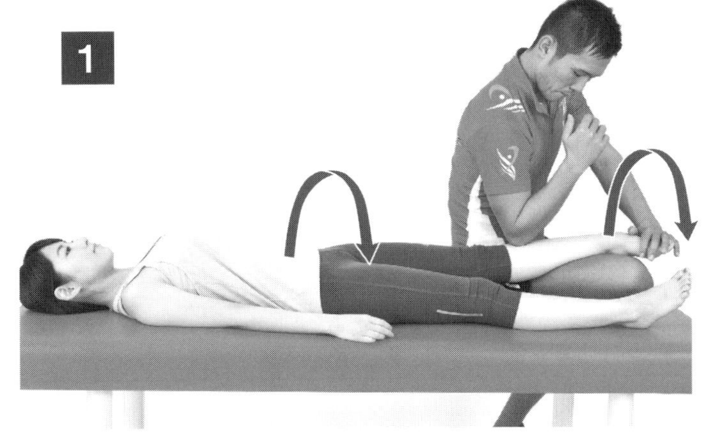

術者は膝を屈曲しベッドに座る（片方の脚であぐらをかくイメージ）。その状態でクライアントの下腿を術者の大腿の上にのせ、術者の股関節・足関節を軽度内旋させ、前脛骨筋を肘で剥がすように3点（下記丸印）ほど圧迫していく

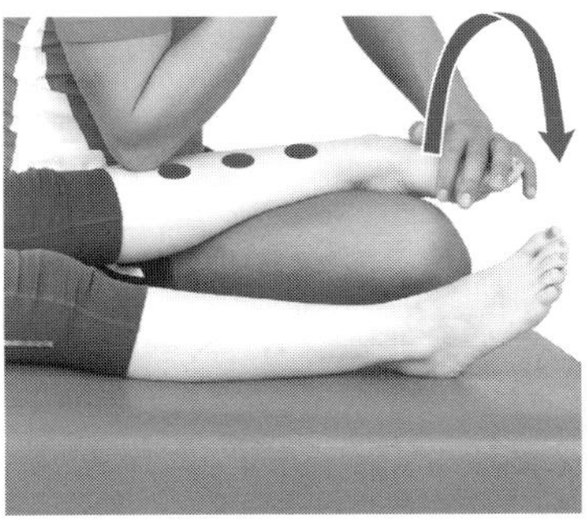

2

クライアントの足首を回しながらも効き方が変わるのでやってみたら！

◇床バージョン

術者の足を左のように軽く前方に置くとバランスがとりやすい

アキレス腱ストレッチ

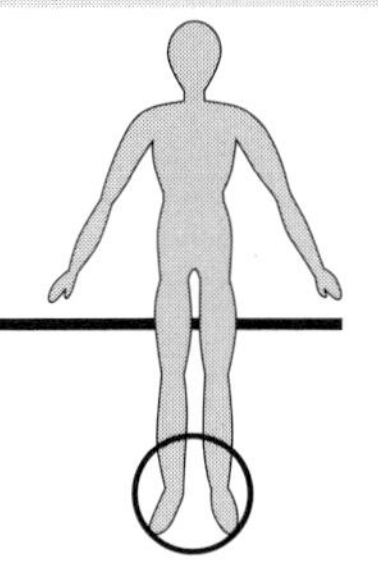

目的とねらい

・アキレス腱を伸ばし足首の背屈をしやすくする
・足首の動きを良くする

対象筋肉

・下腿三頭筋

効果

・むくみ改善
・足の疲れの改善

Point

・足首をしっかり背屈させる

※注意事項

・足首がケガをしてないか確認すること

施術方法

1

術者はクライアントの踵を包み込むように把持をする。反対の手で足首を軽く押し込む

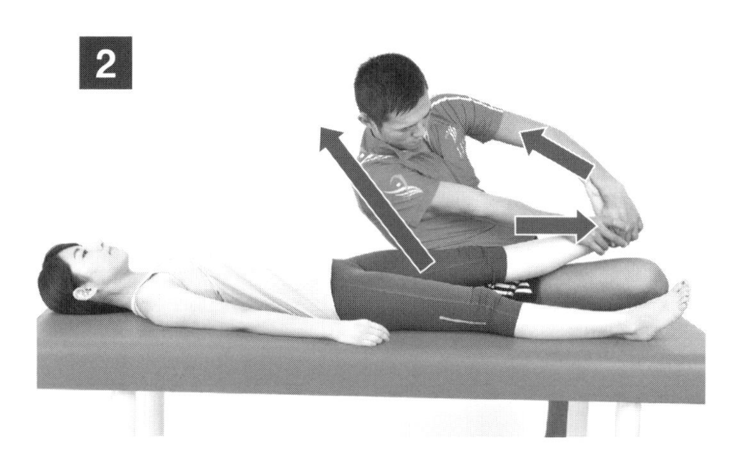

踵をしっかり把持して、背屈させると同時に、矢印の方向に反対の手を押す。
さらに術者の状態を後方に倒し体重も使い足関節を背屈させる

踵の把持の仕方

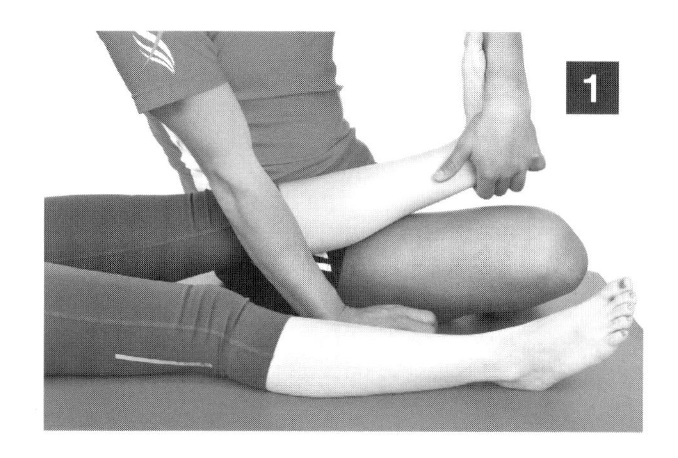

術者の第２～４指で踵を把持する
※手の大きさによって難しい場合があるので自分なりの注意しよう

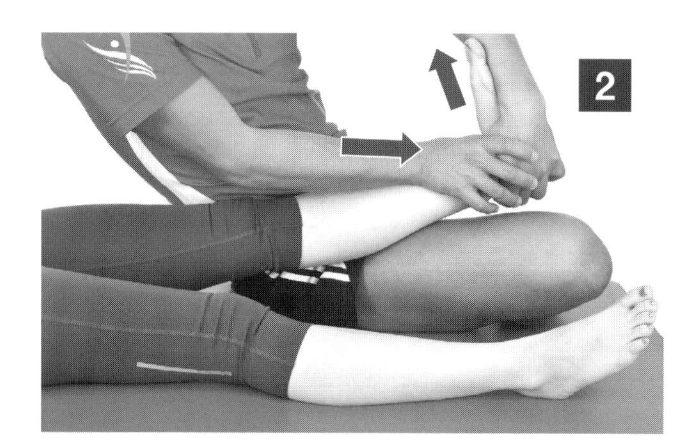

もう片方の手で足首を矢印の方向に押す。
この時点で足関節を背屈させ軽く行う

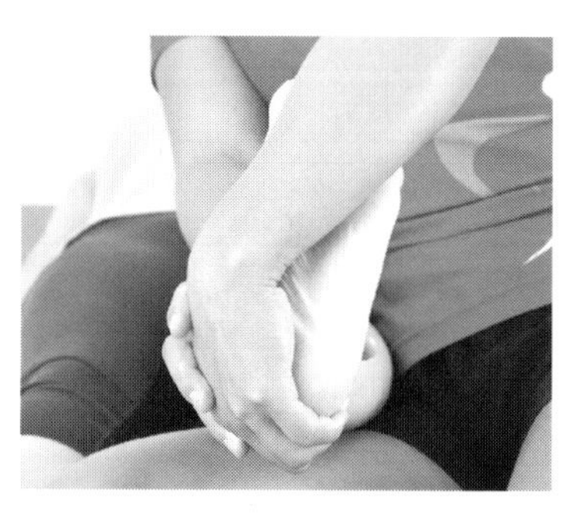

※手関節は掌屈

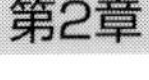

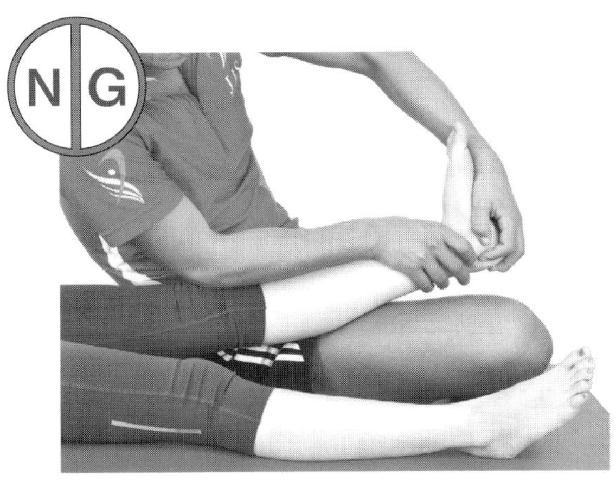

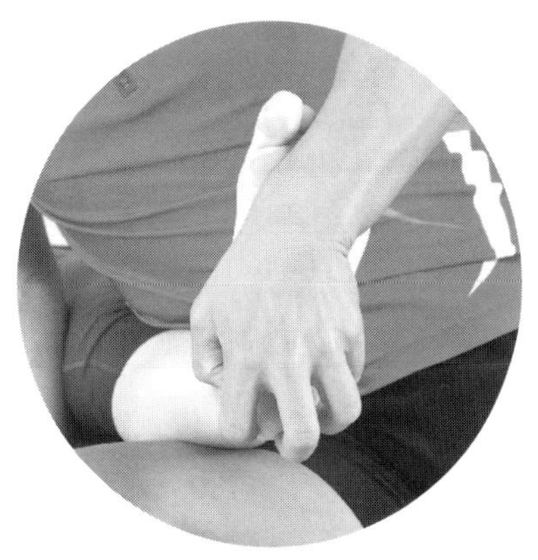

指の力で踵を把持すると握力が負けてしまい、強く安定した把持ができない

◇床バージョン

左のように術者の足を前方に軽く伸ばすとバランスがとりやすい

第3章

うつ伏せ下半身

揺らし(ムービング)

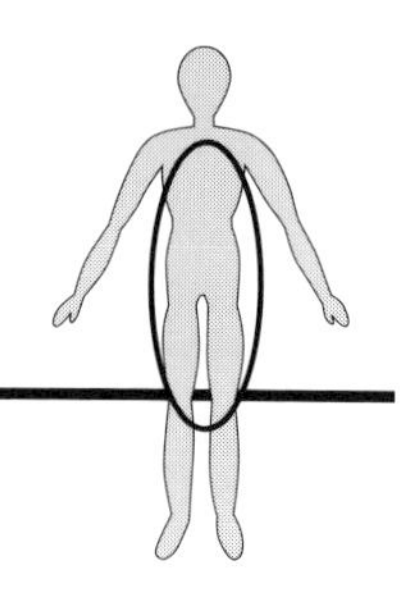

目的とねらい

・緊張した筋肉を揺らしリラックスさせ、ストレッチをかけやすくする
・触った瞬間、この人、うまい！ と感じてもらう

対象筋肉

・全体

効果

・リラックスさせ脱力させる
・単純に気持ち良い

施術方法

クライアントの広背筋下部隆起と大腿後面を手根で軽く把持する。
緩急をつけながらクライアントの殿部が左右に揺れるように揺らす。
トレーナーのセンスが問われる手技

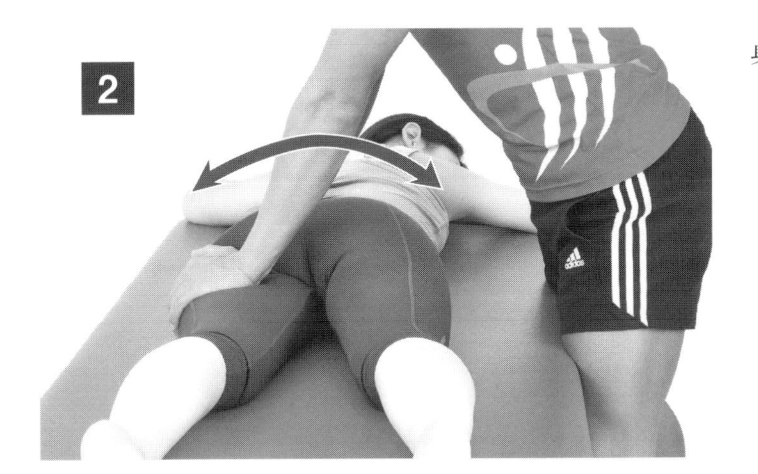

身体全体が揺れるようにする

◇床バージョン

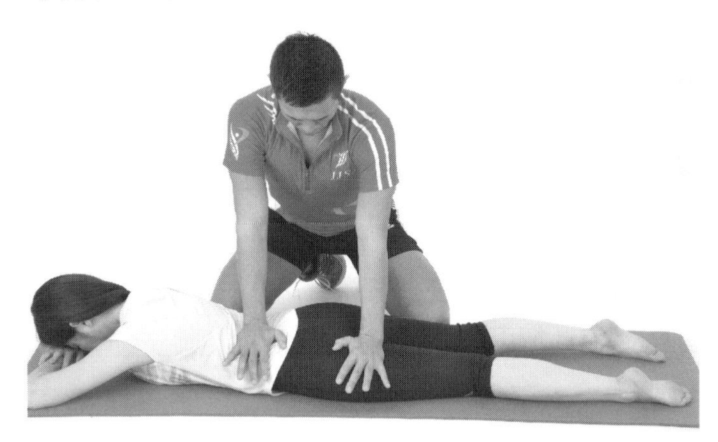

床では術者は両膝立ちになる
※真下に圧をかけると上手く揺れないので注意

中殿筋3点肘押し

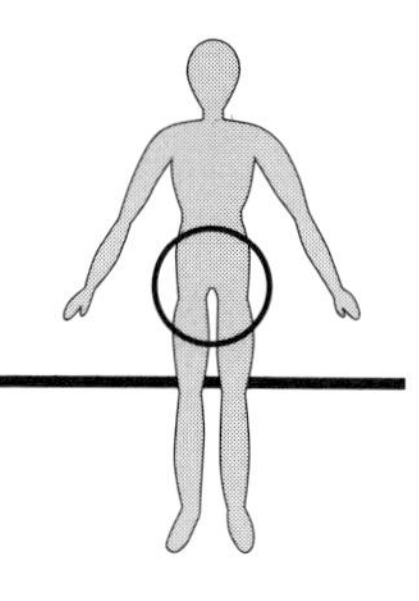

目的とねらい

・中殿筋を肘で圧迫し、硬結をほぐしストレッチをかけやすくする

対象筋肉

・中殿筋（起始部3点）

効果

・腰痛の改善
・足が上げやすくなる（特に股関節外転）
・股関節の動きが良くなる（開脚などは内転筋の柔軟性のほか、中殿筋の作用も重要）

Point

・中殿筋を押すときに皮膚のたるみをとる
※わざと腸骨に肘をあて皮膚の弛(たる)みをとる練習が効果的

※注意事項

・腸骨にたいして垂直に押す
・肘の角度で強弱を調整。鋭角だと非常に痛い場合がある

施術方法

1

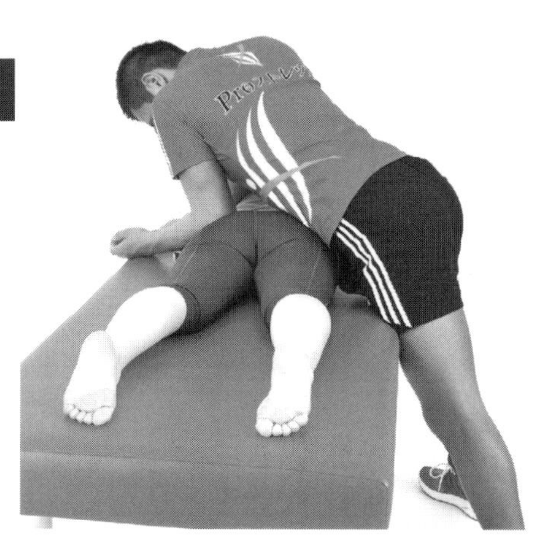

1点目・後上腸骨棘に軽く肘をあて、術者の尺骨の面で押し、皮膚の弛みをとる

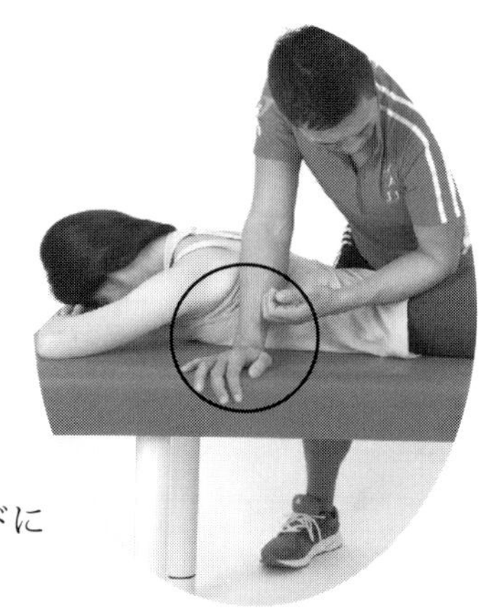

術者は反対の手をベッドにあて身体を支える

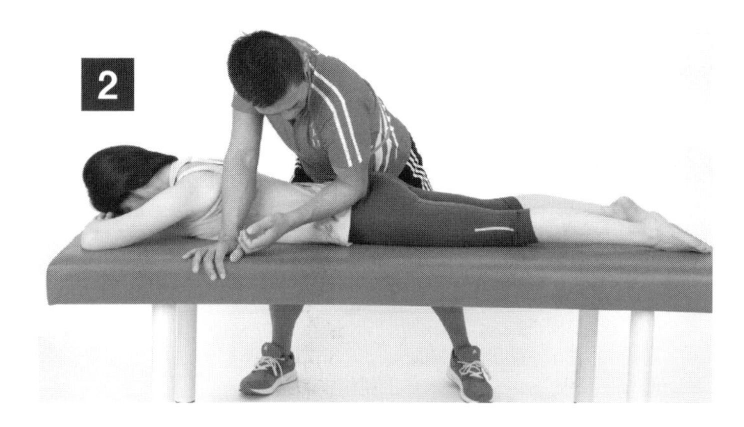

２点目・腸骨稜に軽く肘をあて、皮膚の弛みをとり尺骨の面で押す

３点目・上前腸骨棘の上方に肘をあて、皮膚の弛みをとり尺骨の面で押す

◆肘で中殿筋の押す部位

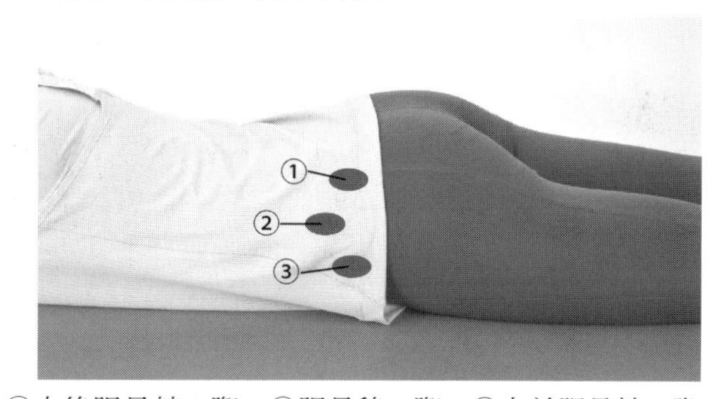

①上後腸骨棘の際　②腸骨稜の際　③上前腸骨棘の際

◇床バージョン

床で行う場合は両膝を地面に着き安定させる。
体重を上手く使う

うつ伏せ体幹ひねり、背部ほぐし

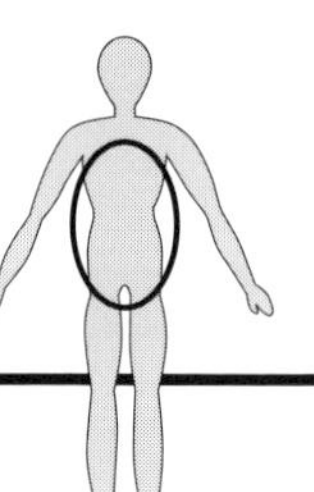

目的とねらい

・体幹を捻りながら腰部・背部をほぐすことによって、
全体的な柔軟性と下肢が伸展しやすくなる

対象筋肉

・広背筋

効果

・下肢の伸展がしやすくなる
・腰痛改善
・腰回りすべてのストレッチが効きやすくなる

Point

・広背筋の隆起を内側から手根ではがすように圧をかける
・下腿を伸展させる前に手根でしっかりと効かせる

施術方法

1

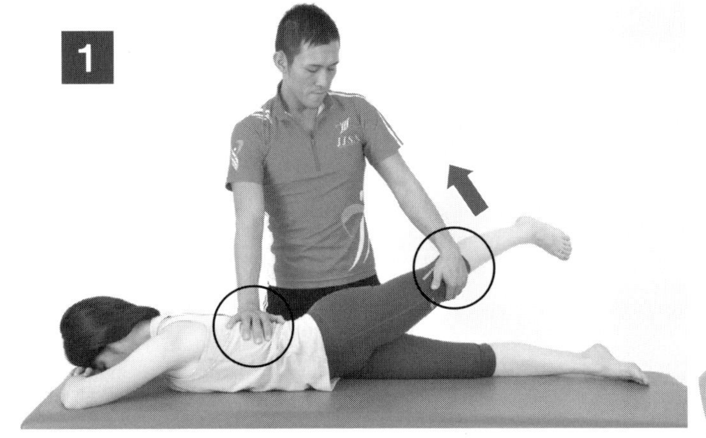

術者はクライアントの背部を軽く押さえ、膝を把持する。軽く体幹を捻りながら伸展させ、下腿を上げていく

1の状態からクライアントの膝の上まで術者の脚を入れ込む

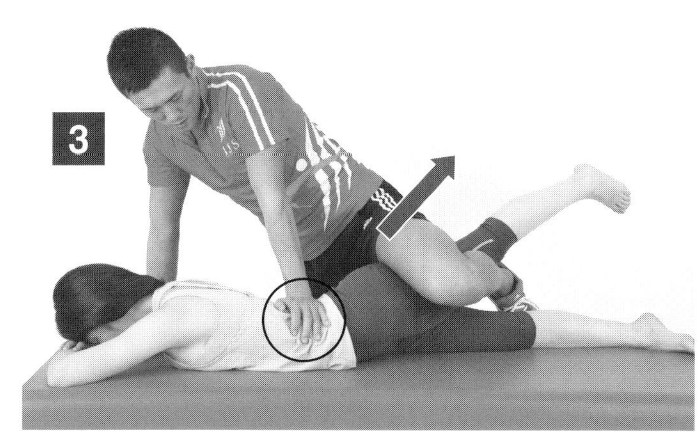

手根でしっかり広背筋に効かせ、術者の下肢でクライアントの下肢を斜め上方に引っ張る。さらに広背筋に効かせる。圧は真下ではなくはがすような方向に、術者の右手はベッドに置き身体を安定させる

術者の脚をかませる位置が膝下だとクライアントの膝が曲がり、下肢を上手く伸展できない

◇床バージョン

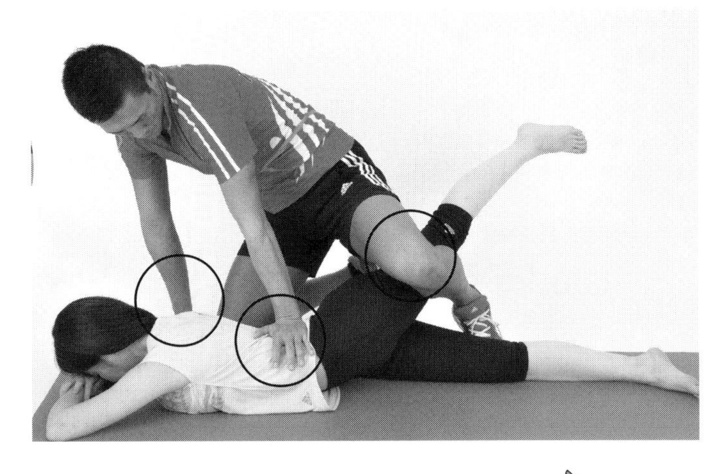

術者の右手は床につき上体を安定させる。その状態で左手で広背筋をはがし、術者の脚でクライアントの下腿を伸展させる

腹斜筋ストレッチ

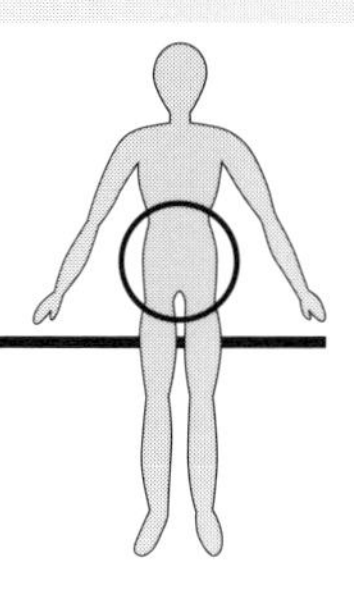

目的とねらい

・腹斜筋を伸ばし、体幹を捻りやすくする

対象筋肉

・腹斜筋

効果

・腰痛の改善

Point

・足をしっかりと膝上までかませる

※注意事項

反対側の腰が痛くなる場合は行わない

施術方法

1

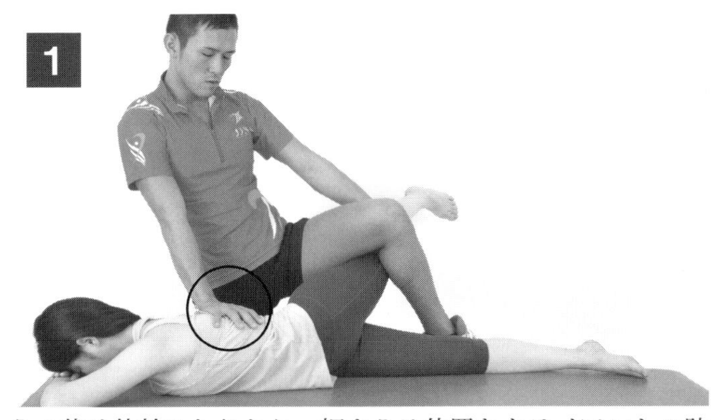

うつ伏せ体幹ひねりから、押さえる位置をクライアントの肋骨の後ろあたりまで上げて、腹斜筋の起始部の裏あたりに支点を移す。そして、膝を把持して斜め上に引っ張り腹斜筋を伸ばしていく

腹斜筋の走行をイメージして上のような角度にする

◇床バージョン

ベッドで床についていた足を膝立ちにして安定させる

大腿筋膜張筋肘押し

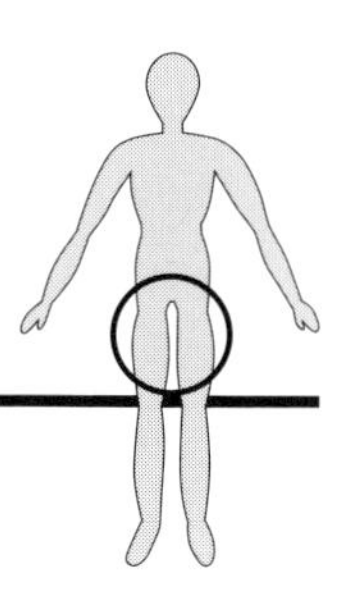

目的とねらい

・大腿筋膜張筋を軽く伸ばしつつ、肘で大腿筋膜張筋起始部をほぐし、伸びやすくする

対象筋肉

・大腿筋膜張筋

効果

・腰痛の改善
・体幹を捻る可動域があがる

Point

・足をしっかりと膝上までかませる

※注意事項

・反対側の腰が痛くなる場合は行わない

施術方法

1

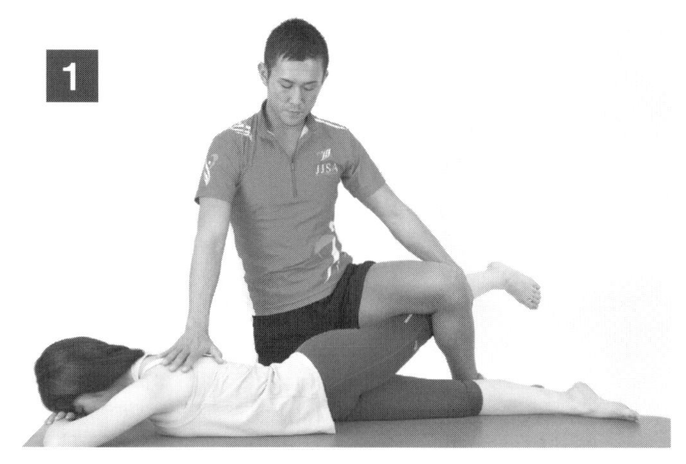

最初は体幹捻りとおなじように左の体制をとり、左脚を使い下腿を内転させていく

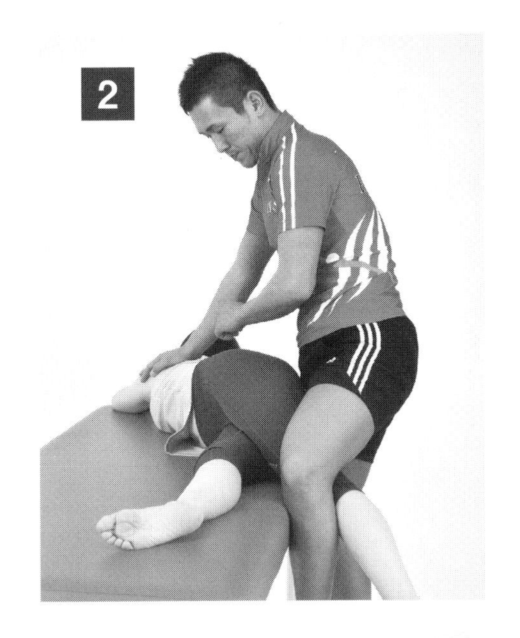

クライアントの下腿を
内転させていく

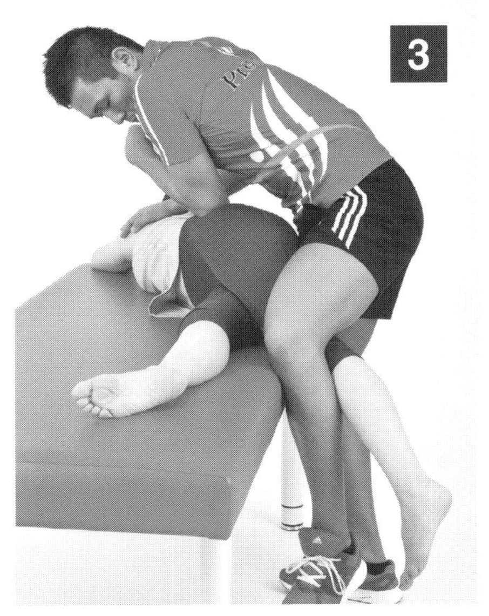

下腿を内転させ、肘で腸骨棘
の際の大腿筋膜張筋を押して
いく

下腿を内旋させるとクライアントの身体が上
がってくるので術者の手でしっかりと押さえる

◇床バージョン

床でやる場合はクライアント
の下腿内転が弱くなるが、さ
ほど問題はない

大腿筋膜張筋ストレッチ

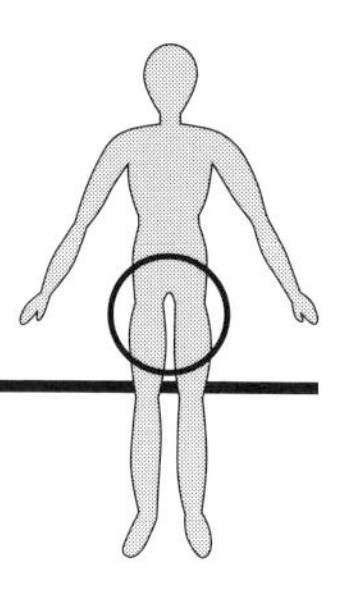

目的とねらい

・大腿筋膜張筋の可動域をあげる

対象筋肉

・大腿筋膜張筋

効果

・腰痛の改善
・股関節回りの動きがなめらかになる

Point

・膝を上から押さえる。肩が上がってくるので押さえる

※注意事項

・反対の腰が痛い人はやらない

施術方法

1

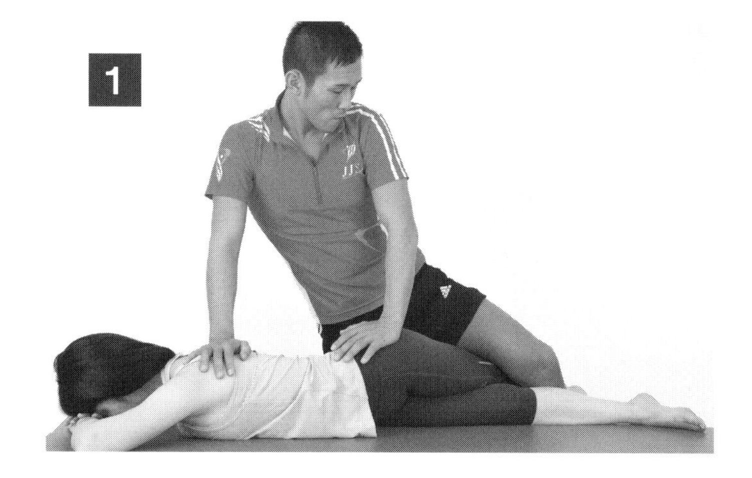

大腿筋膜張筋肘押しの途中（**1** **2**）まで同じ

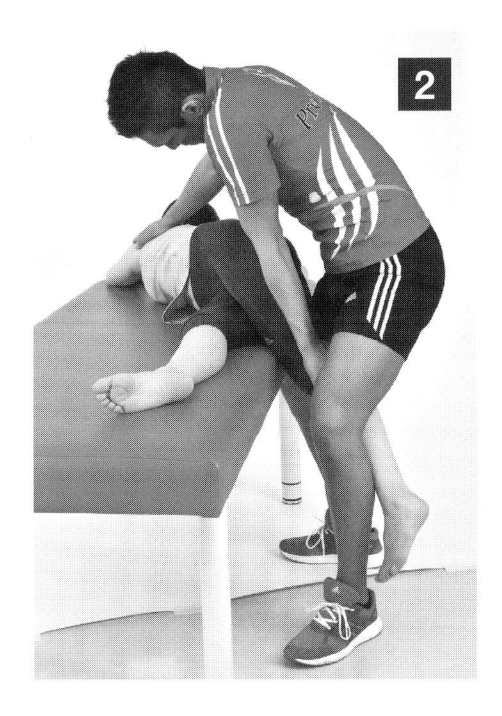

さらに左手を膝の上から押し、下腿を内転させ大腿筋膜張筋にストレッチをかけていく

クライアントの肩が上がってこないように右手でしっかりと押さえる

殿筋群手根ムービング

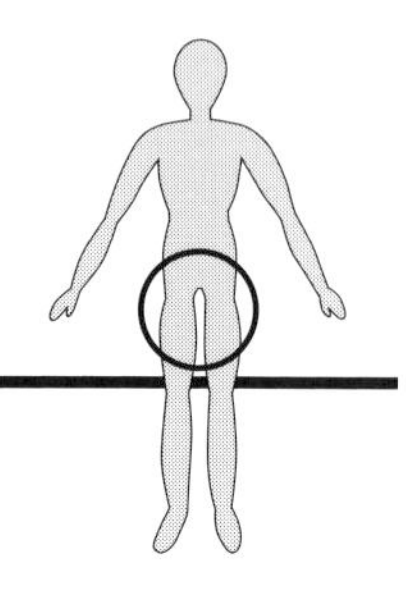

目的とねらい

・殿部を手根で把持し、股関節を動かすことによって、ゆるめる

対象筋肉

・殿筋群

効果

・殿部がゆるみ、さまざまなストレッチがかかりやすくなる
・下腿が伸展しやすくなる
・梨状筋を拇指圧する前など行うと梨状筋をとらえやすくなる

Point

・膝の角度が鋭角屈曲し過ぎると、股関節の内外旋が弱くなるので効きずらい

施術方法

1

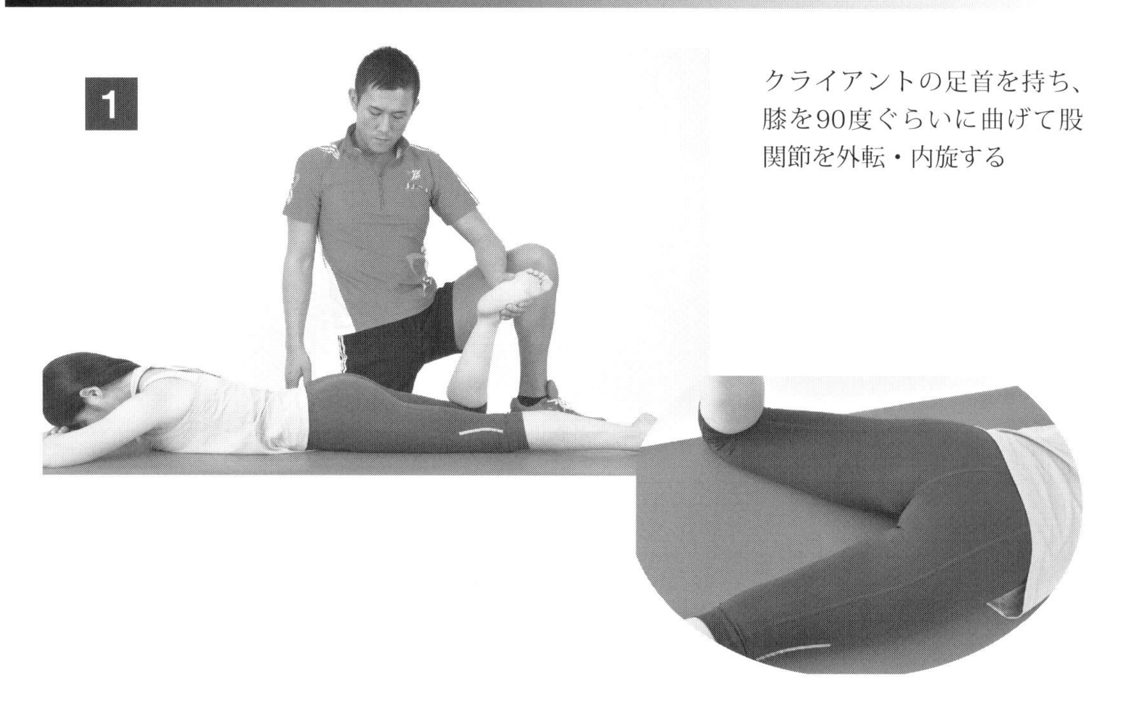

クライアントの足首を持ち、膝を90度ぐらいに曲げて股関節を外転・内旋する

手根でしっかり殿部に効かせ、さらに股関節を外旋して効かせていく

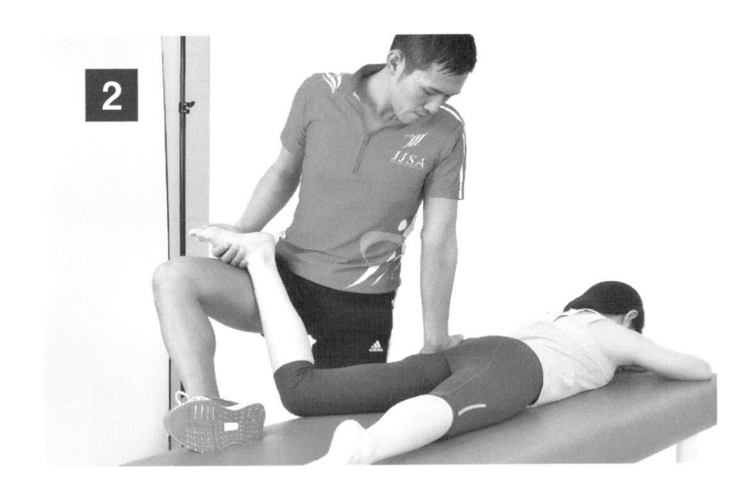

効かせたらいったん股関節を内旋させて緩める

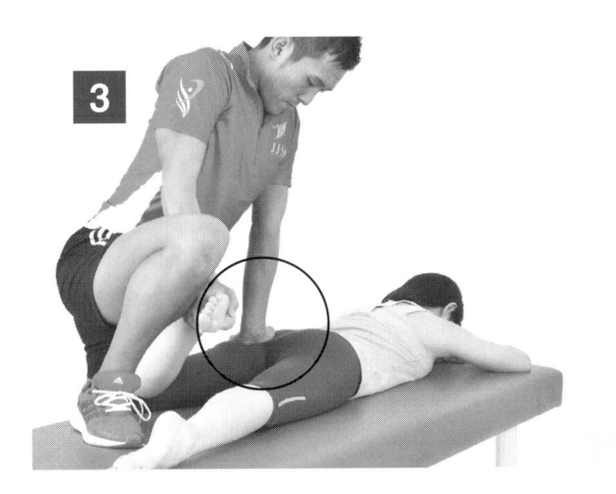

手根の位置を変えて再度股関節を外旋させ、殿部に効かせる

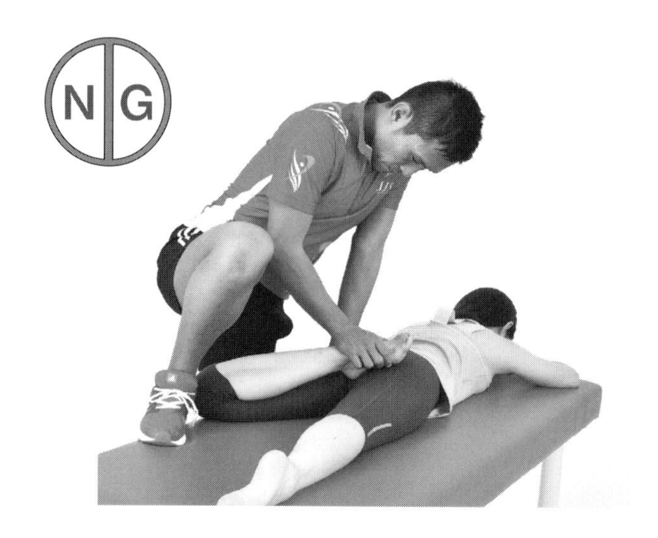

膝関節を屈曲し過ぎているので、股関節の外旋が弱く、効きが甘い

◇床バージョン

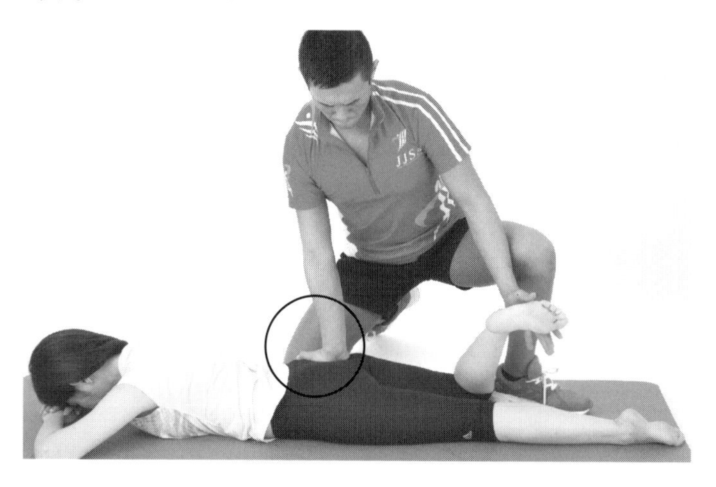

術者は膝立ちになり上体を安定させる。内側を使いクライアントの股関節外施を補助する

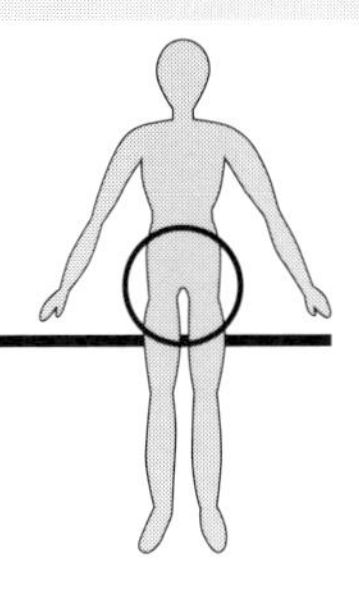

腰方形筋拇指9点押し

目的とねらい

・腰方形筋を拇指圧で緩める

対象筋肉

・腰方形筋

効果

・腰痛改善
・体幹が側屈しやすくなる

Point

・拇指の腹を使ってゆっくりほぐす

※注意事項

・上部を押す際に第12肋骨は折れやすいので圧の方向に注意

施術方法

1

下のように重ね拇指で、上部の上中下、中部の上中下、下部の上中下と拇指圧で緩めていく（次ページ参照）

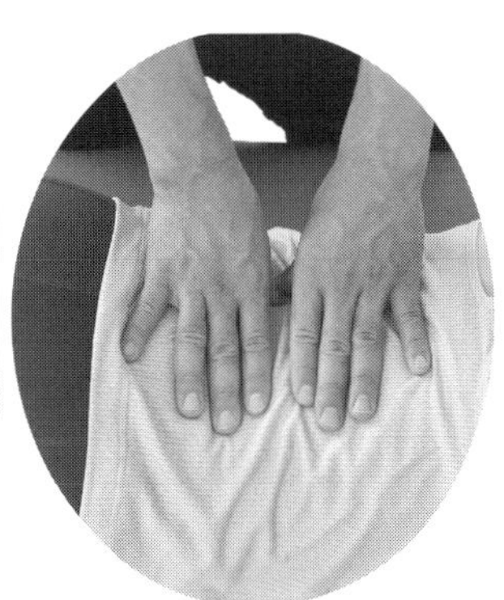

拇指の置き方

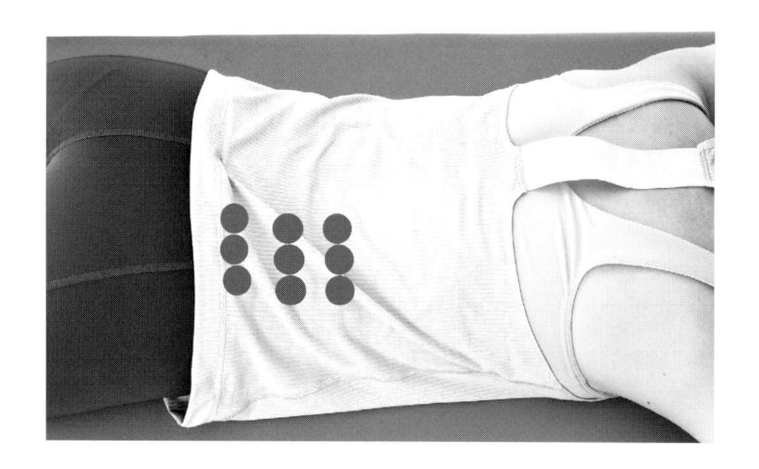

丸印の部位を順番にほぐしていく

◇床バージョン

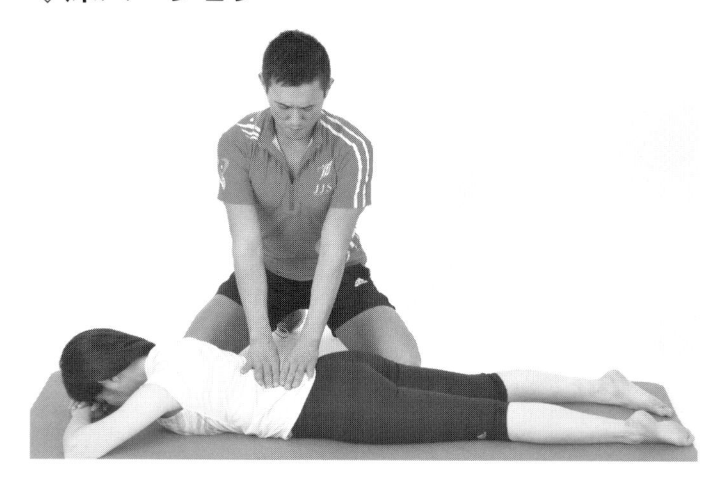

手だけの力で押さず体重をかけて押す

腸腰筋ストレッチ

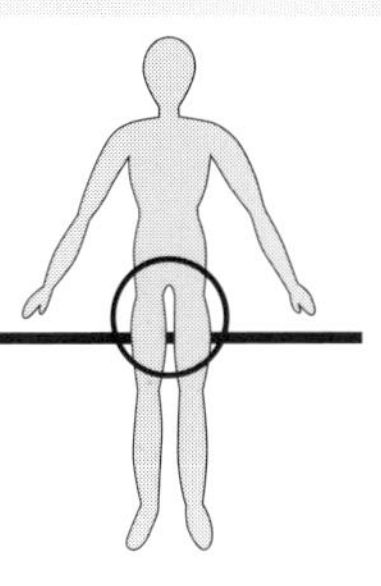

目的とねらい

・腸腰筋を伸ばして、足が上がりやすくする
・股関節の屈曲と伸展、両方がやりやすくなる

対象筋肉

・腸腰筋（腸骨筋・大腰筋・小腰筋）

効果

・足が上がりやすくなる
・腰痛の改善

Point

・腸腰筋の支点を少しづつ上にずらしていく

※注意事項
背部を押さえる際に肋骨を圧迫しないように注意

施術方法

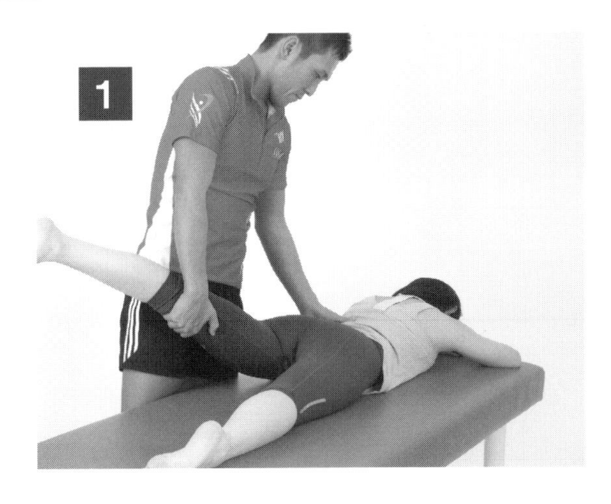

クライアントの膝を把持し、
股関節を伸展していく

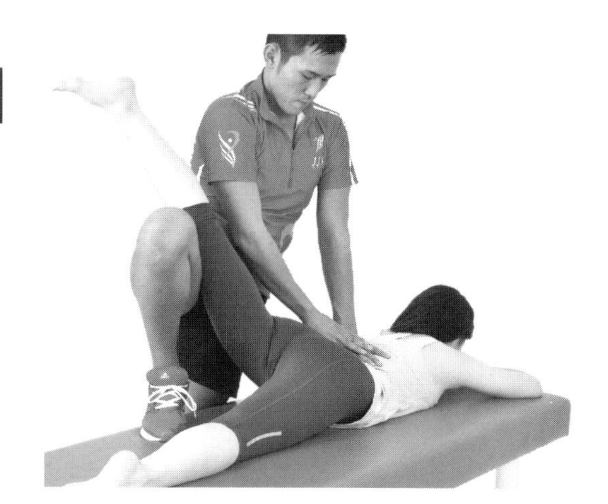

背部を押さえ支点をつくり、股関節を伸展していく（写真は背部を手のひらで軽く押さえて支点をつくっている）

3

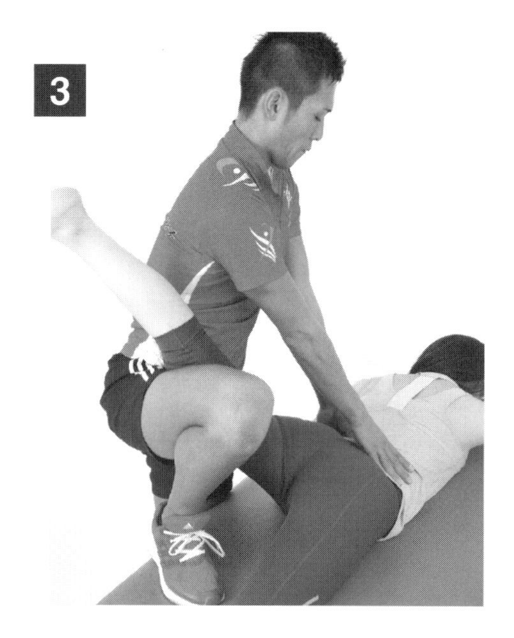

背部を押さえ支点をつくり、そこから股関節を伸展し腸腰筋を伸ばしていく
（写真は背部の支点に拇指圧を加えている）

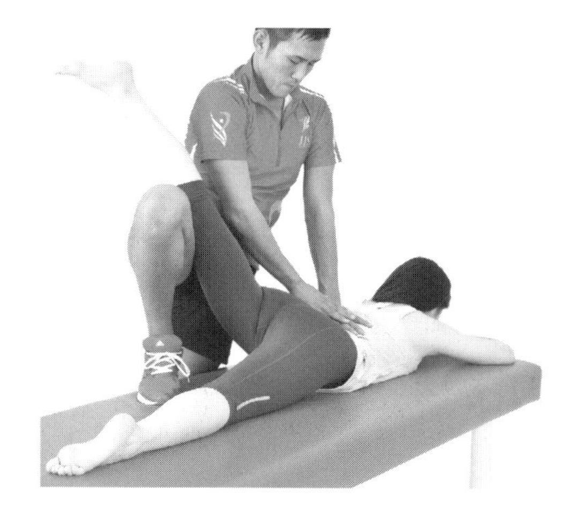

さらに股関節を伸展させ効かせる。手で押さえる支点を上にずらすと効く場所がかわってくる

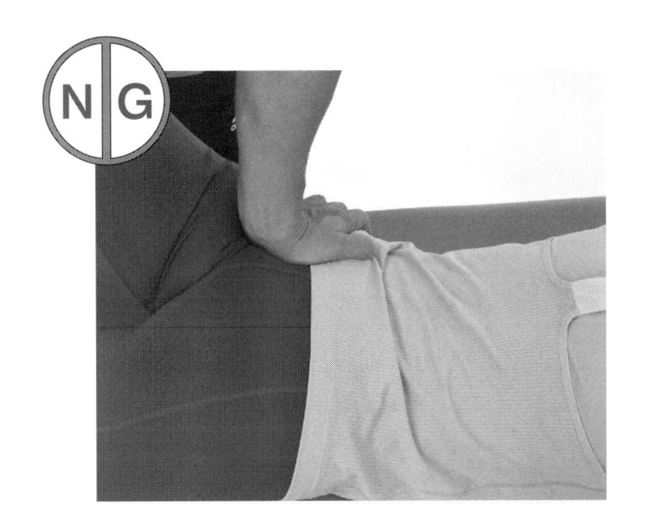

抑える支点が下すぎて大腿四頭筋に入ってしまっている

◇別バージョン

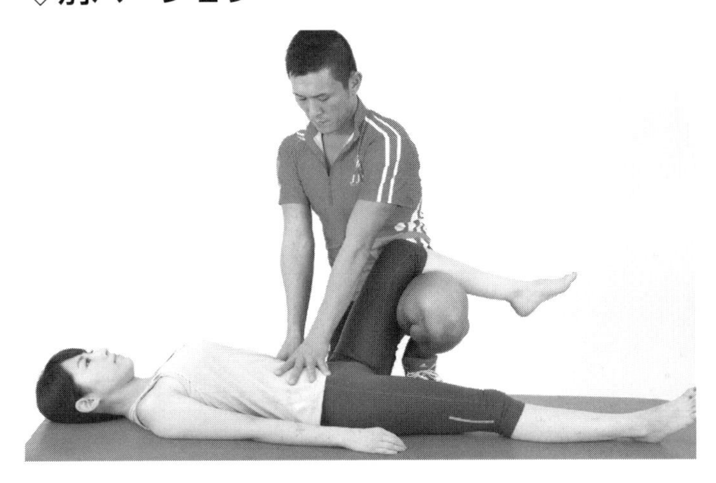

仰向けで腸腰筋拇指圧で緩めるやり方もある

◇床バージョン

術者は膝を地面について上体を安定させる。術者の大腿部にクライアントの膝関節の上部をあて、下腿を伸展させる

大腿四頭筋ストレッチ3方向

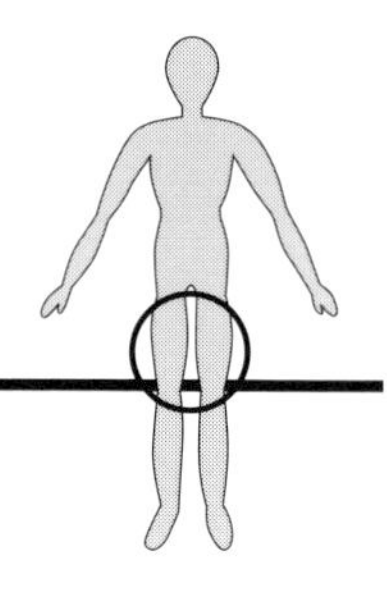

目的とねらい

・大腿四頭筋をストレッチして、膝の動きを良くする
・大腿直筋、内側広筋、外側広筋、と狙って３方向にストレッチする

対象筋肉

・大腿四頭筋

効果

・膝が屈曲・伸展がしやすくなる

Point

・クライアントの膝蓋骨の上あたりに術者の大腿を合わせる

施術方法

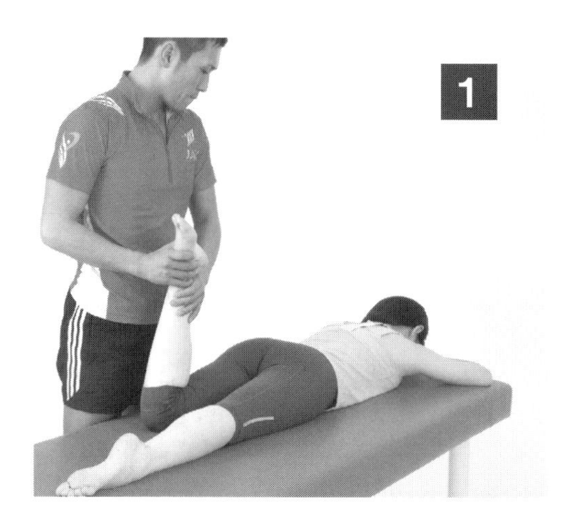

1

クライアントの足首を把持し
膝を90度程度屈曲する

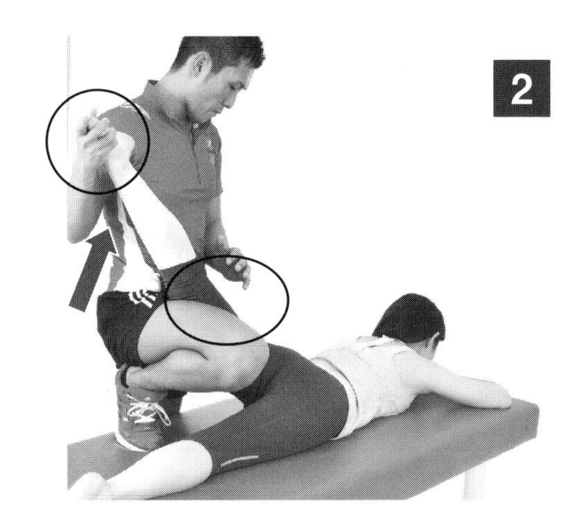

2

クライアントの足背を把持し、術者の大腿をクライアントの膝蓋骨の上あたりに合わせて下腿を伸展させていく

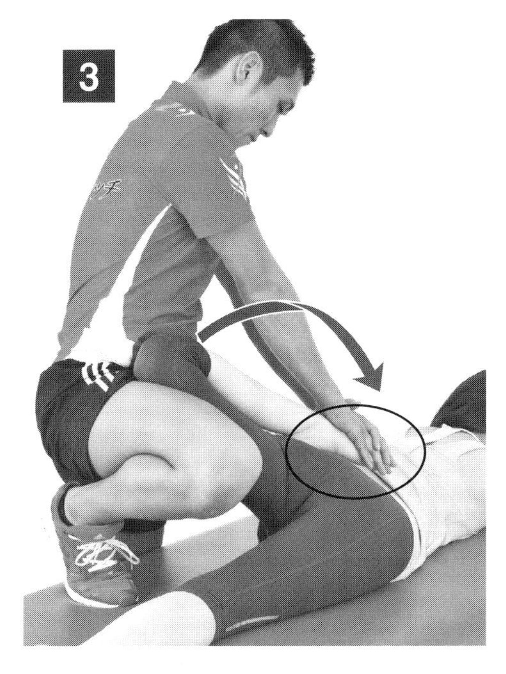

3

2 の状態からクライアントの背中に術者の両手を置き膝を屈曲してくる

※クライアントの股関節伸展具合と膝関節屈曲具合でストレッチの強度を調整する

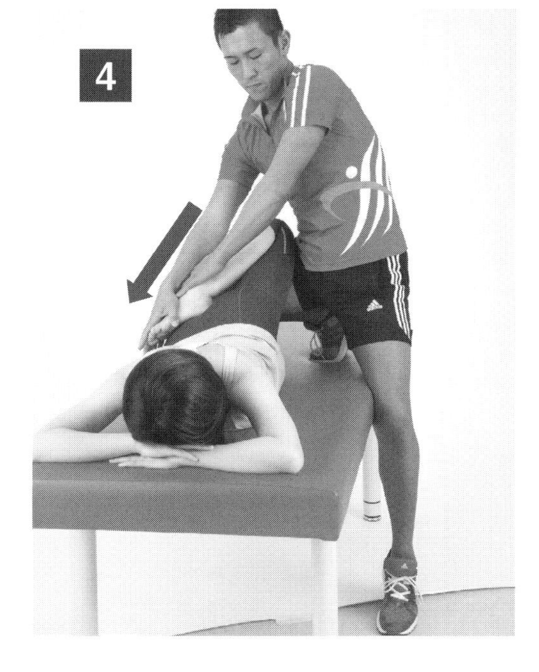

4

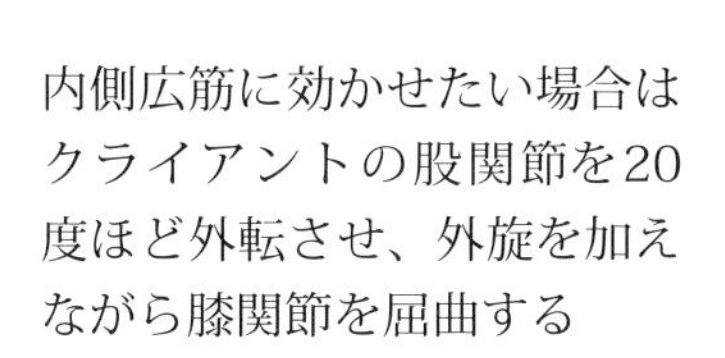

内側広筋に効かせたい場合はクライアントの股関節を20度ほど外転させ、外旋を加えながら膝関節を屈曲する

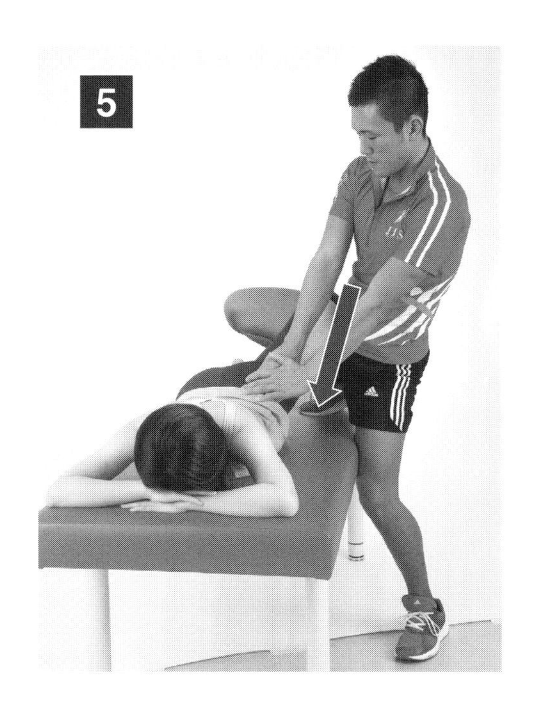

股関節外転・外旋して、膝を内側に曲げていくと内側広筋に効く。
股関節を内旋させ、膝関節を屈曲していくと、外側広筋外側に効く

◇床バージョン

術者は片膝を地面につき上体を安定させる。術者の大腿をクライアントの膝蓋骨上あたりに合わせて下腿を伸展させ、膝関節を屈曲させていく

膝窩拇指圧（ムービング）

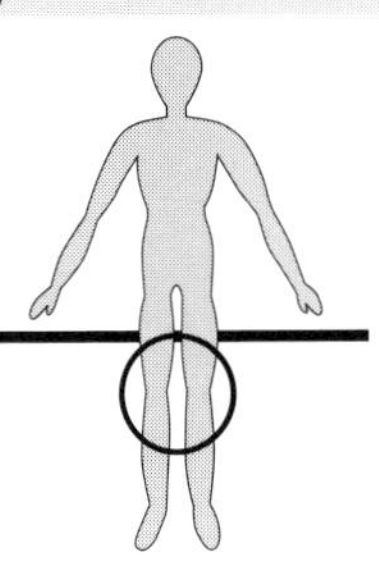

目的とねらい

・膝窩（しっか）を拇指で圧迫し、膝窩筋や膝窩リンパをほぐして流れを良くする

対象筋肉

・膝窩筋など

効果

・下腿が軽くなる
・膝が曲がりやすくなる

Point

・指の腹でゆっくり圧迫する

※注意事項
いきなり強く押すと激痛を感じる方が多いため、ゆっくり押す

施術方法

1

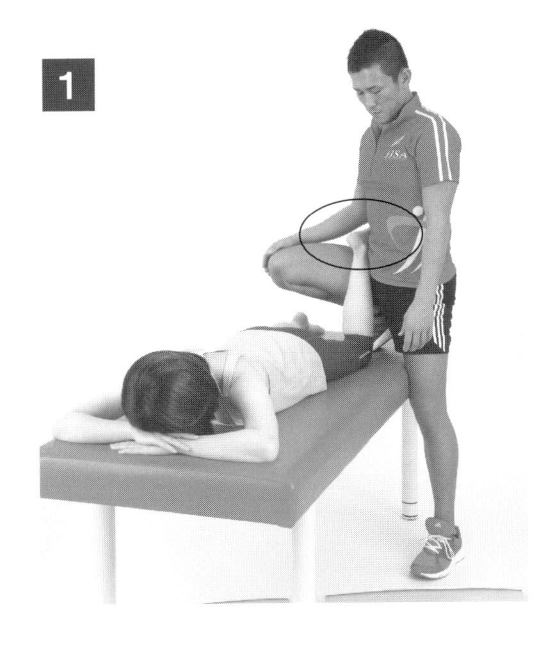

仰向けに寝た、クライアントの膝を90度ぐらい屈曲させ足背を術者の大腿に置き安定させる

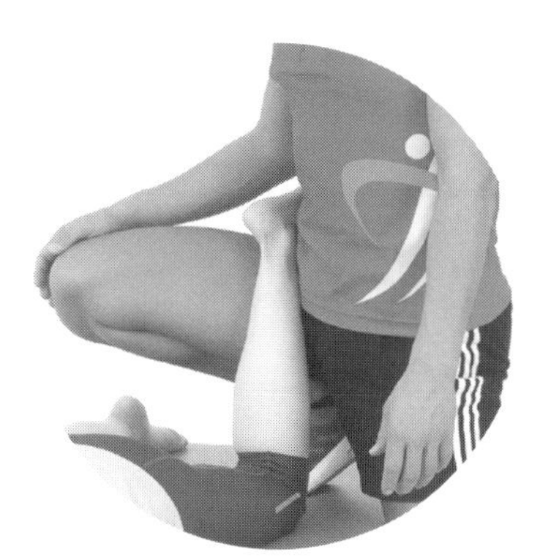

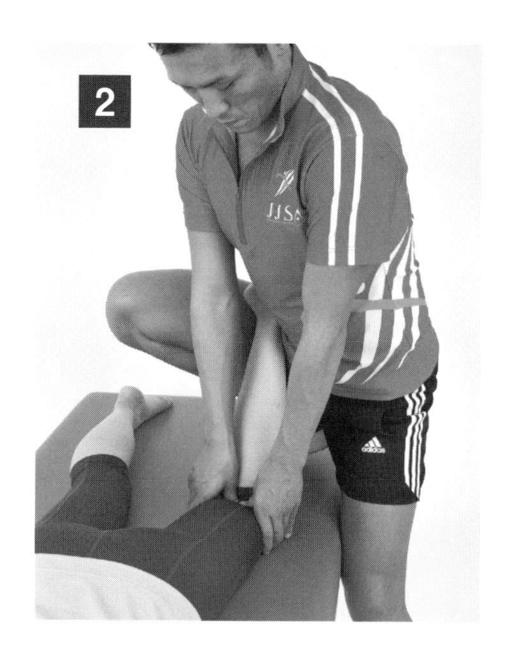

1の状態からゆっくりと拇指でクライアントの膝窩を圧迫する

◇床バージョン

術者は片膝立ちで上体を安定させる。クライアントの足背を術者の大腿に置き安定させる

ヒラメ筋ストレッチ

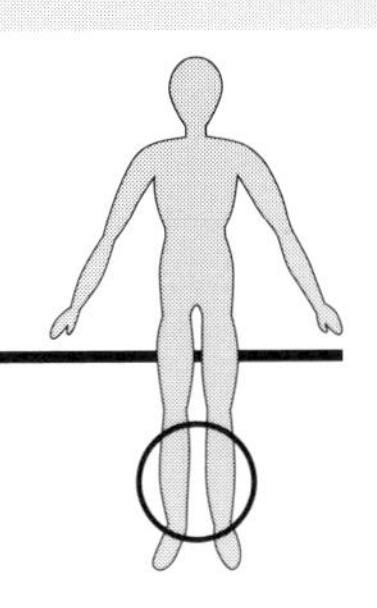

目的とねらい

・アキレス腱伸ばしで伸びきれなかった深部まで伸ばす

対象筋肉

・ヒラメ筋

効果

・ヒラメ筋が伸びて、浮腫(むく)みが解消する

Point

・足関節を背屈させる。かなり力が必要

施術方法

1

クライアントの踵を把持しながら膝関節屈曲、足関節を上から下に押し込み背屈させる

このポジションで足首をがっちり固めたら

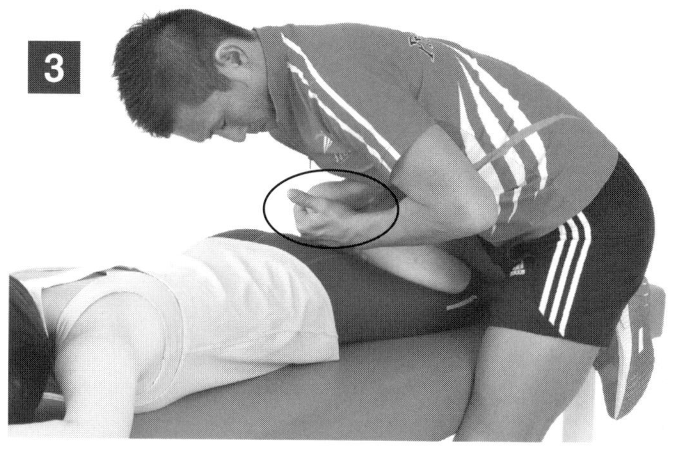

矢印の方向に踵をはがしつつ、つま先を下に押し込んで足関節を背屈させる

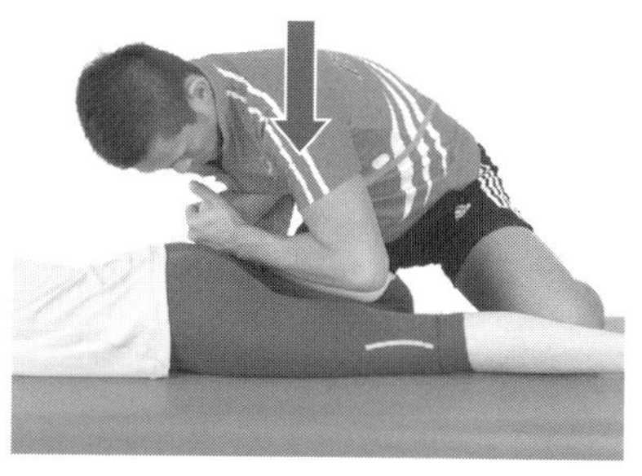

◇床バージョン

術者は前のめりになり、全体重をかけクライアントの足関節を背屈させる

前腕で膝関節を広げるストレッチ

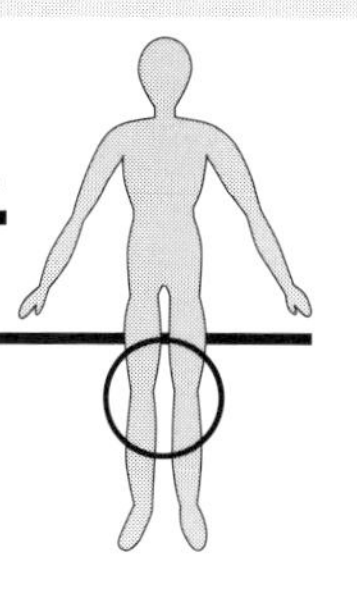

目的とねらい

・膝関節を曲げるときに、前腕を入れることにより膝関節が緩み、
膝の屈曲・伸展がしやすくなる

対象筋肉

・腓腹筋の起始部
・ハムストリング停止部

効果

・膝関節が曲がりやすくなる

Point

・挟んでいる前腕で軽く牽引を入れる
・拳をグーパーして前腕の太さをかえる

施術方法

1

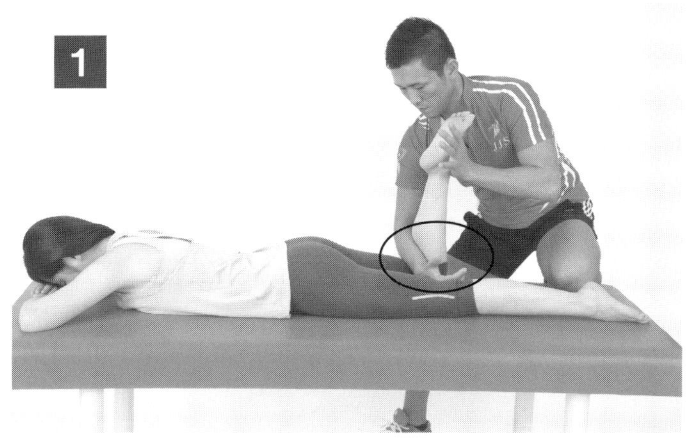

クライアントの膝関節に術者の前腕をかませる

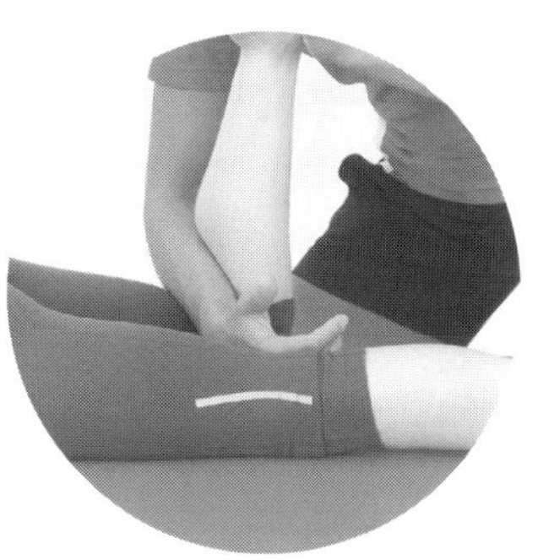

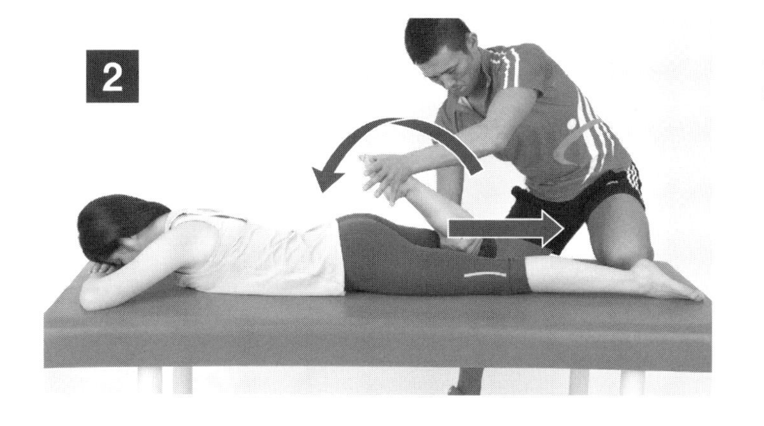

膝関節に挟んだ前腕は手前に牽引し、足関節を把持した手は前方に押し出す

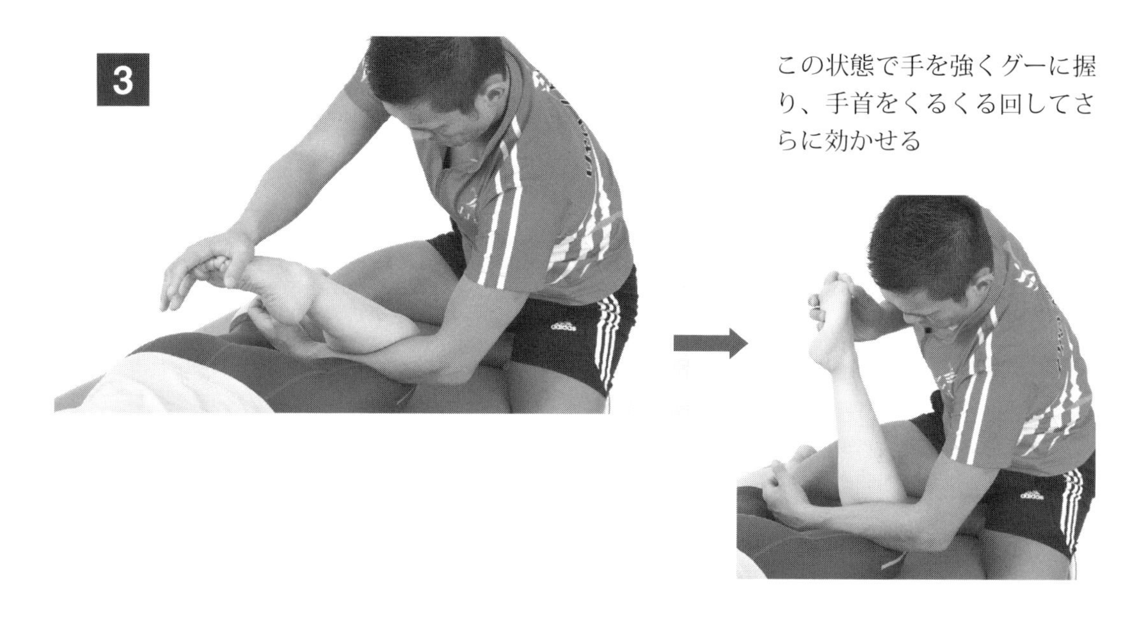

この状態で手を強くグーに握り、手首をくるくる回してさらに効かせる

◇床バージョン

術者は前のめりになると前腕で下腿を牽引しやすい

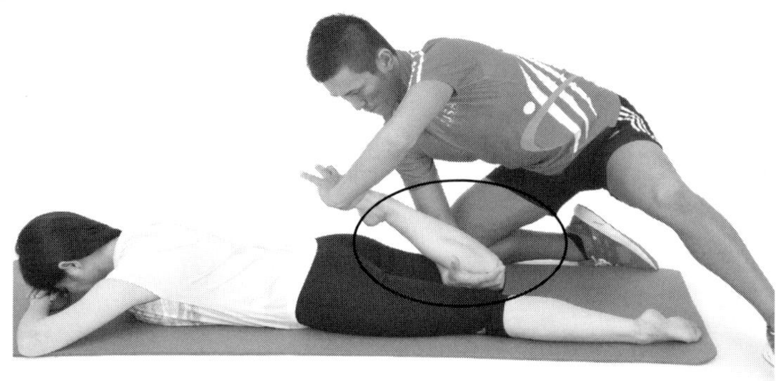

外旋6筋ストレッチ

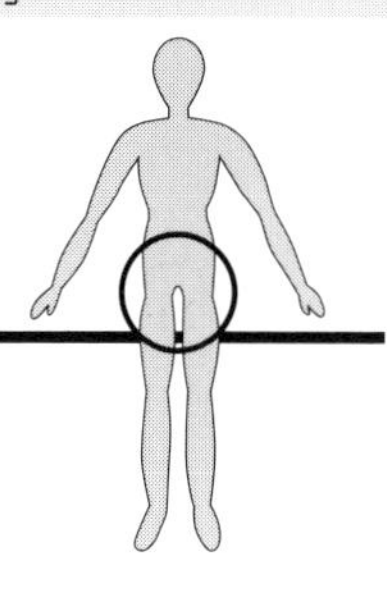

目的とねらい

・大腿骨頭についているインナーマッスルを動かし、股関節の動きを良くする

対象筋肉

・外旋６筋（梨状筋、上・下双子筋、内・外鎖筋、大腿方形筋）

効果

・股関節の内旋・外旋などの動きが良くなる
※特に男性は硬い方が多い

Point

・膝の角度によって、股関節ではなく膝に不安感を訴える場合があるので慎重に聞きながら行う

※注意事項

・クライアントは関節技のような感覚

施術方法

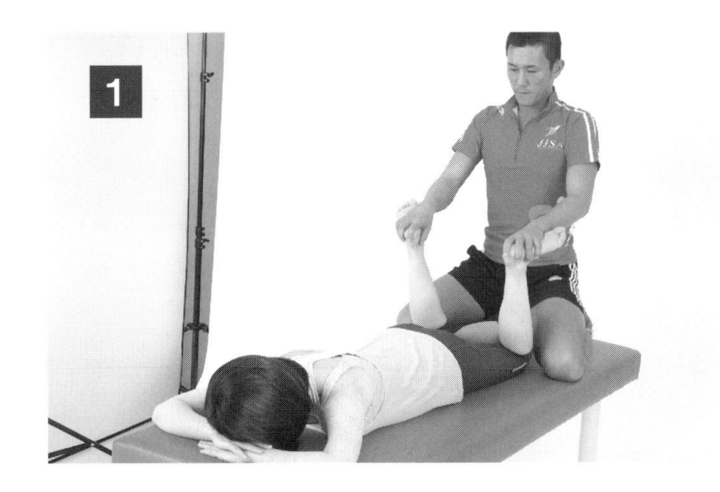

クライアントの膝関節を90度から100度前後に屈曲する

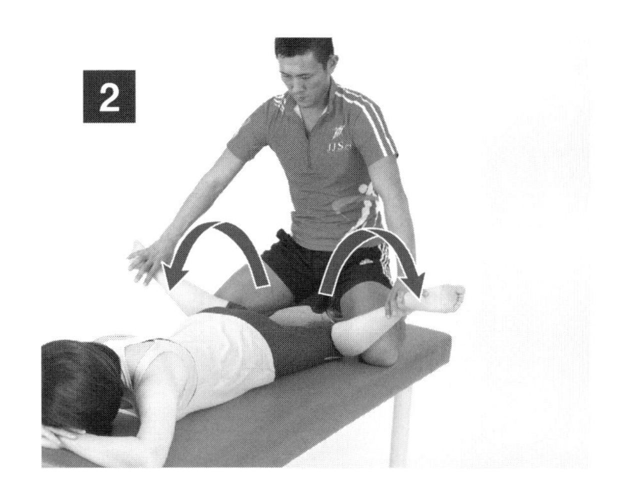

踵を内側から把持し、外側にゆっくり開いて股関節を内旋していく

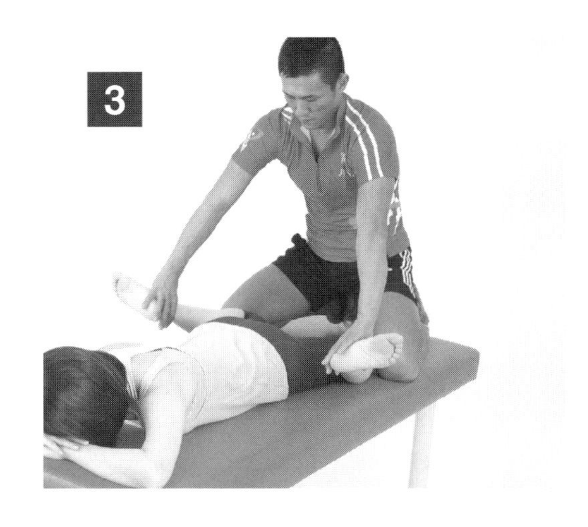

膝関節の角度をかえると効く場所がかわるのでいろいろためしてみよう！

◇床バージョン

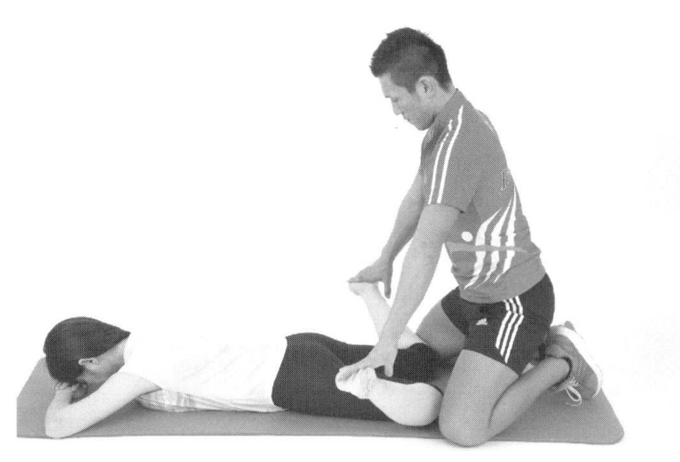

術者はクライアントの後ろに両膝立ちをする。
前のめりになって体重でいっきに押してしまわないように注意する

第4章

仰向け上半身

上肢シェイキング

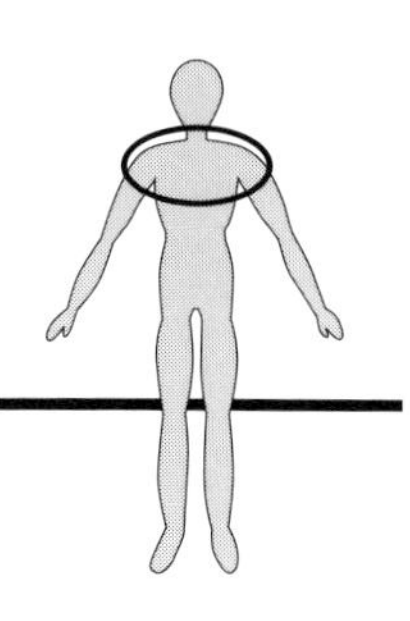

目的とねらい

・上肢をシェイキングでリラックスさせ、ストレッチがかかりやすい状態にする

対象筋肉

・上肢帯の筋肉

効果

・リラックス、脱力効果

Point

・クライアントを完全脱力させ無重力感を味あわせるようにする

※注意事項

・肩関節内外旋が固い人の場合は、注意

施術方法

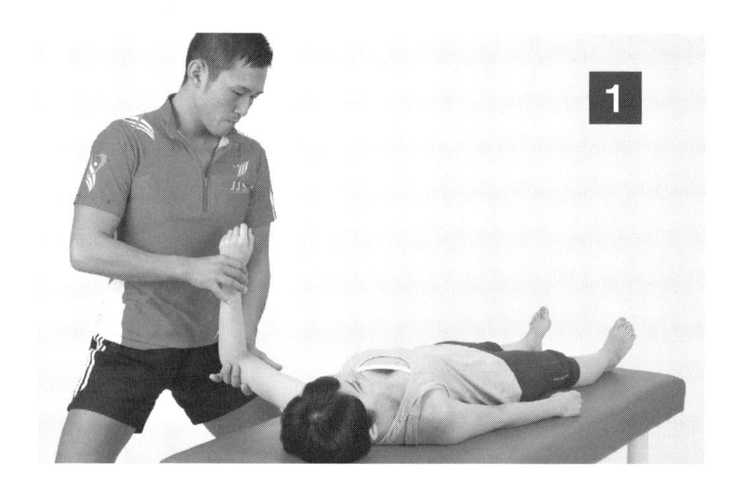

クライアントの肘関節を90度から100度ぐらい曲げて、手首を軽く把持して、肩関節の外旋・内旋を繰り返す

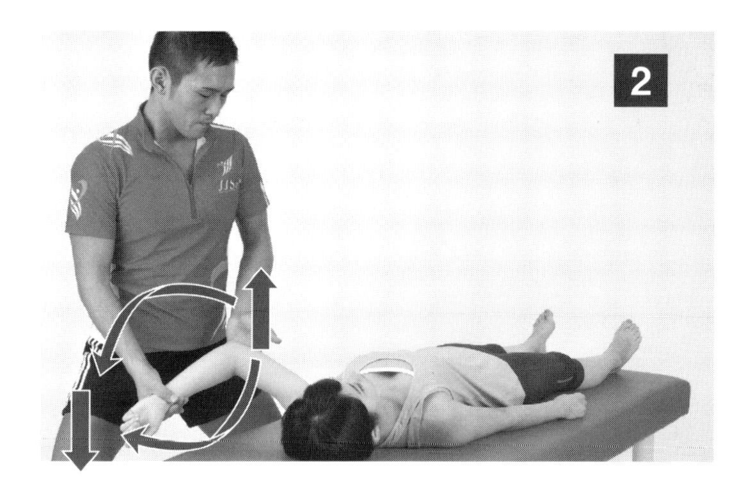

外旋➡手首を把持しているほうの手を床方向に近づけ、肘を把持している方を天井方向に近づける

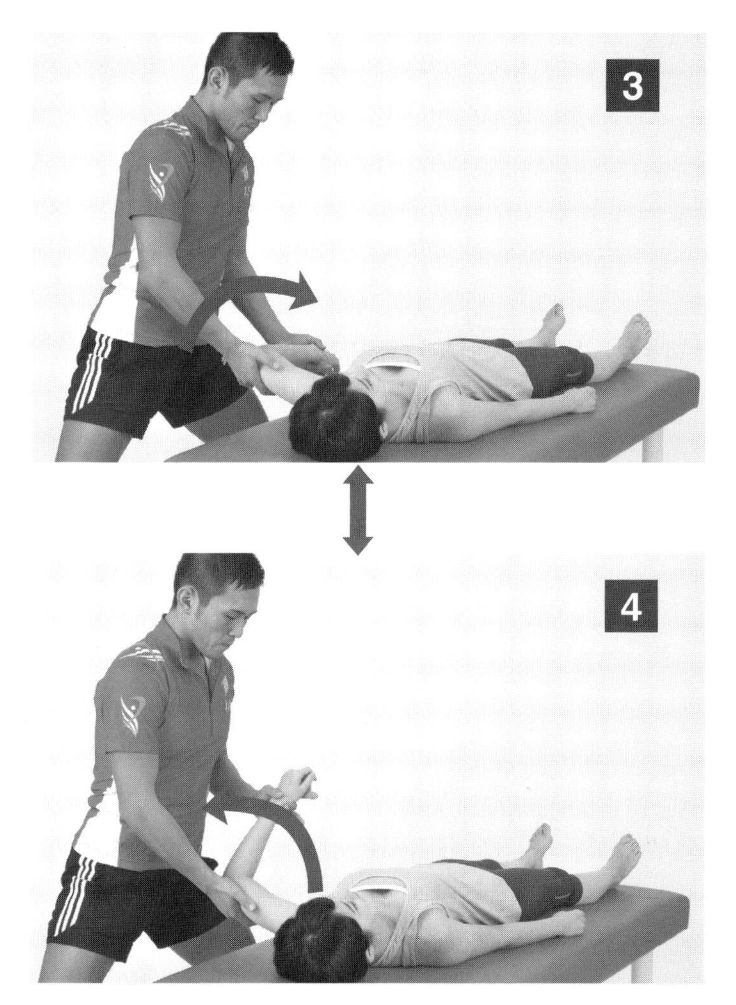

肩関節の内旋と外旋を繰り返す

◇床バージョン

術者は床に片膝立ちになり肩関節の内旋・外旋を繰りかえす。胸を張りかっこよく行う

肩甲骨内側縁ムービング

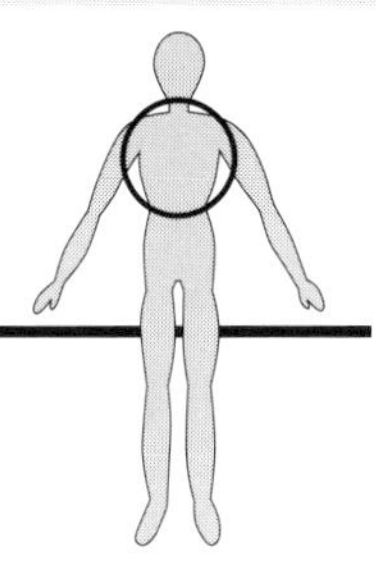

目的とねらい

・肩甲骨の内側縁を第２～４指でほぐすことによって、肩甲骨の動きを良くする

対象筋肉

・僧帽筋
・菱形筋

効果

・肩甲骨の動きが良くなる
・肩こり改善

Point

・術者の指の立て具合によって強弱を調整する

※注意事項

・爪を立てない

施術方法

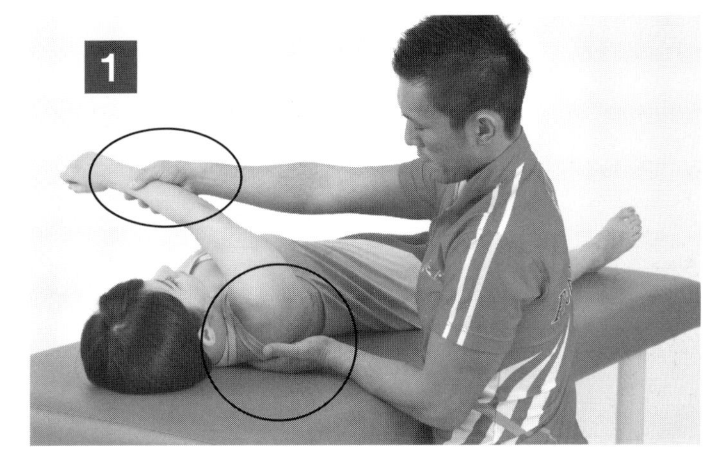

術者はクライアントの手首辺りをつかみ、肩関節を水平に内転させ、肩甲骨部に手が入るスペースをあける

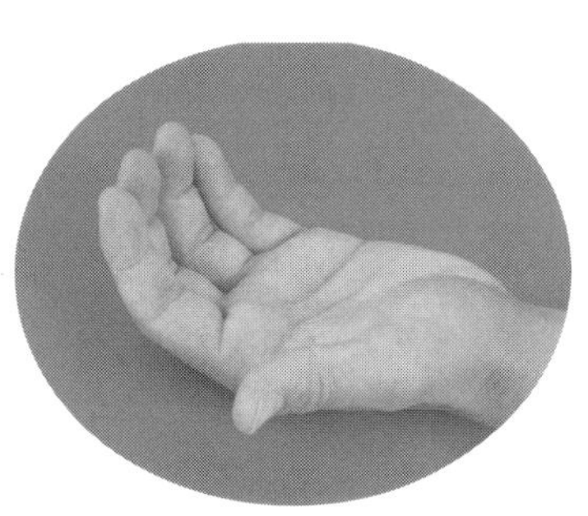

肩甲部に入れる最初の手の形

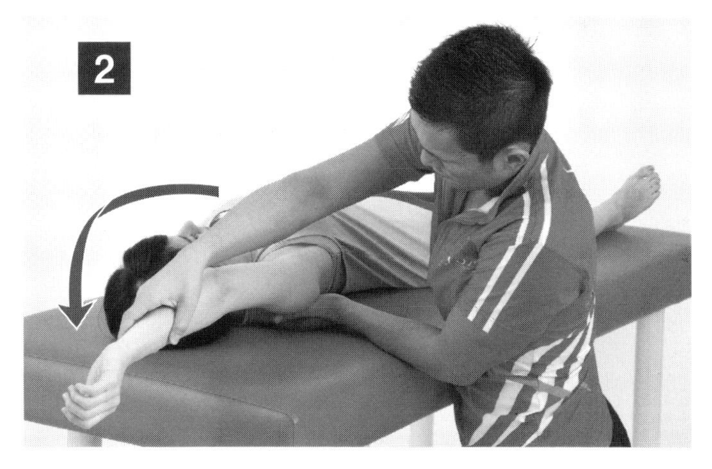

肩関節を屈曲する

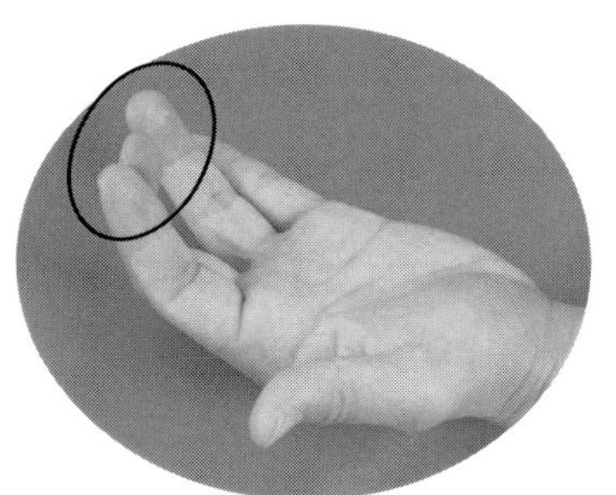

屈曲したときは2、3、4指を立てて上部に効かせる

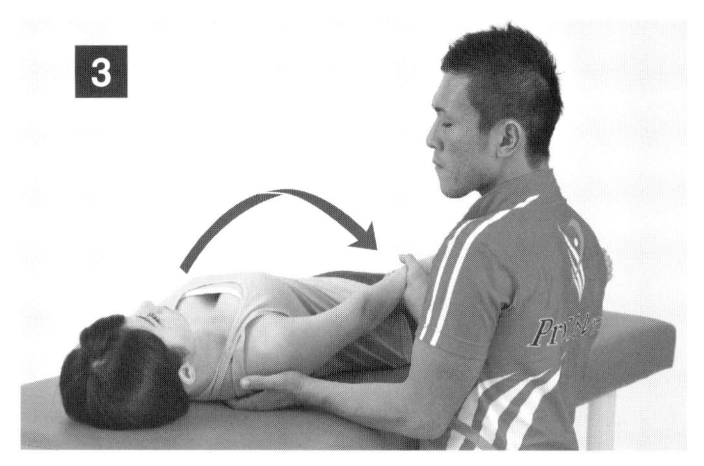

肩関節をもとに戻す

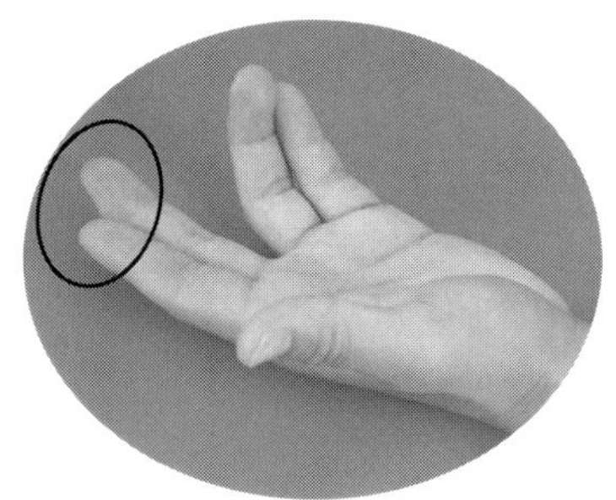

2、3指を立てて下部に効かせる

◇床バージョン

術者はクライアントの横に膝立ちになり上体を安定させる

大胸筋（仰向け）ムービング

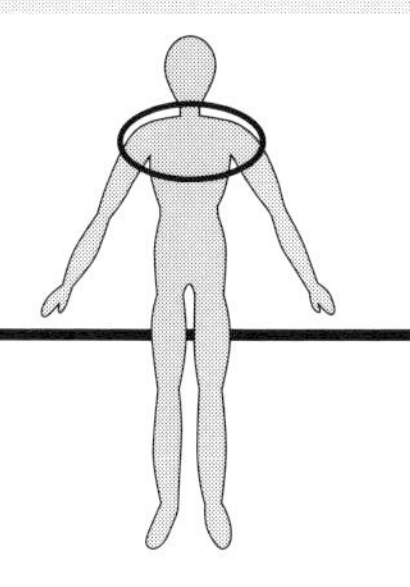

目的とねらい

・大胸筋をほぐし伸ばしやすくする

対象筋肉

・大胸筋

効果

・猫背の改善
・大胸筋肉にストレッチをかけやすくする

Point

・大胸筋を抑える方の手で効かせてから、肩関節を動かす

※注意事項

・肋骨に圧をかけないように水平内転させる

施術方法

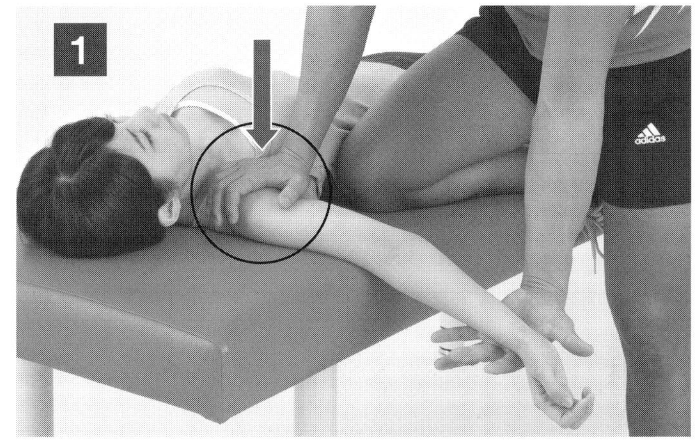

クライアントの大胸筋外側を手のひらの小指側で上から下に圧を効かせる

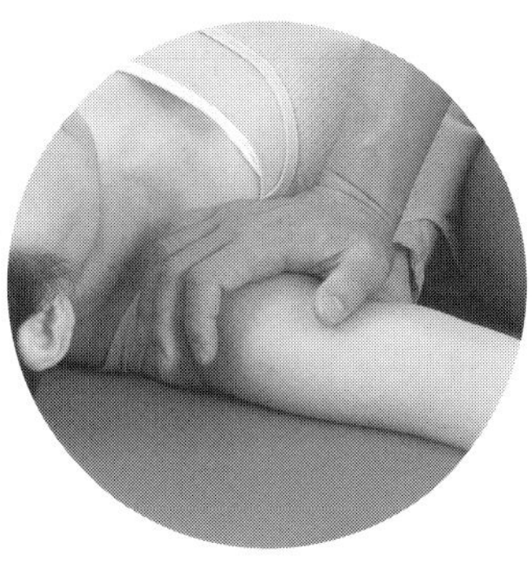

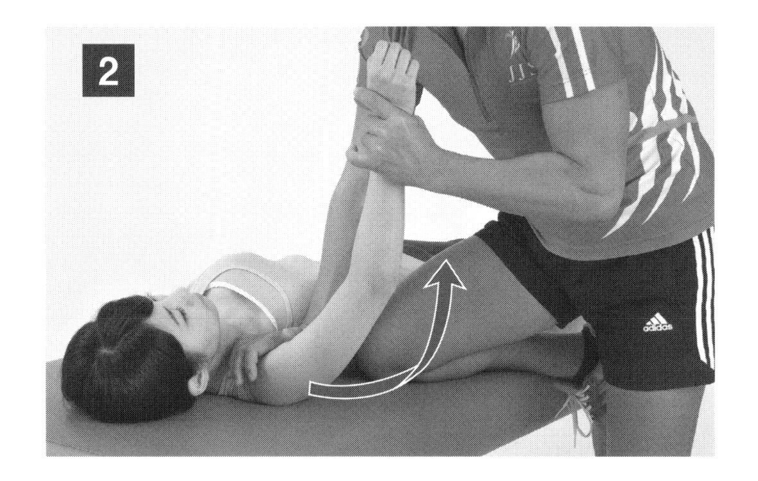

肩関節を水平内転させ、さら
に効かせる。
内、中、外と３点ほど行う

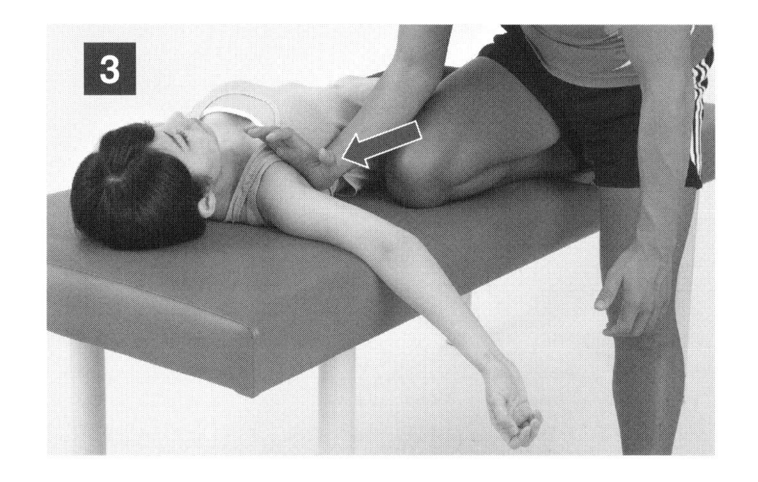

さらにそのまま大胸筋下部に
下から手をあてる
※手をあてる角度が重要！

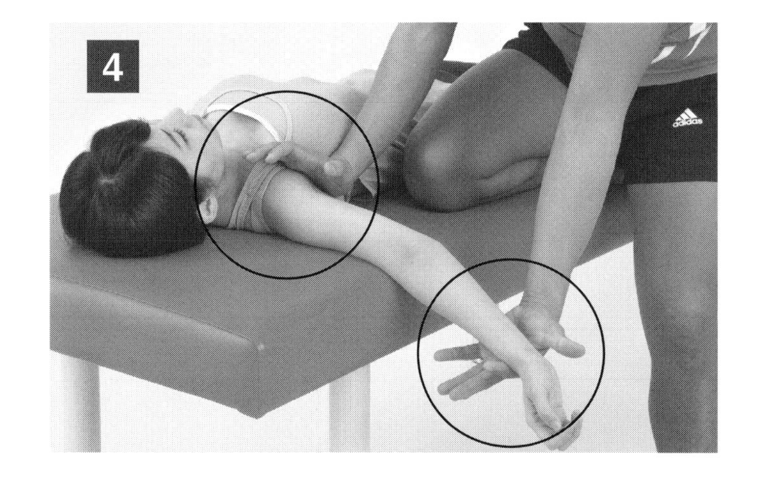

手刀で圧をかけ、もう片方の
手でクライアントの手首を把
持する

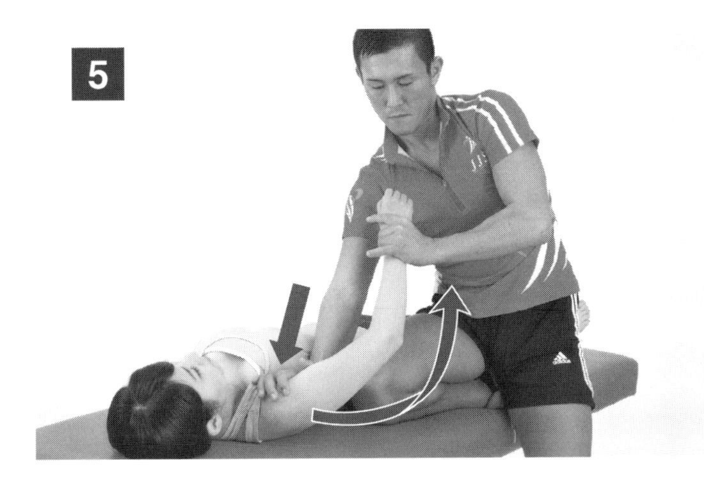

手首を引っ張り効かせていく。圧は矢印の方向!!
※圧の方向が大事

◇床バージョン

術者は地面に片膝立ちになりクライアントの大胸筋にあてた手に体重をかける

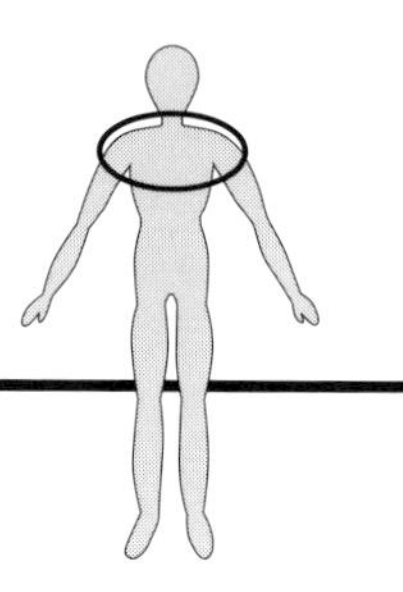

三角筋ストレッチ

目的とねらい

・肩を吊っている筋肉なので、ここを伸ばすと肩全体が楽になる

対象筋肉

・三角筋

効果

・三角筋が軽くなり、肩関節が外転しやすくなる

Point

・肩関節を外旋させ極めてから効かせる

※注意事項

・肩関節自体に効かないように注意する

施術方法

1

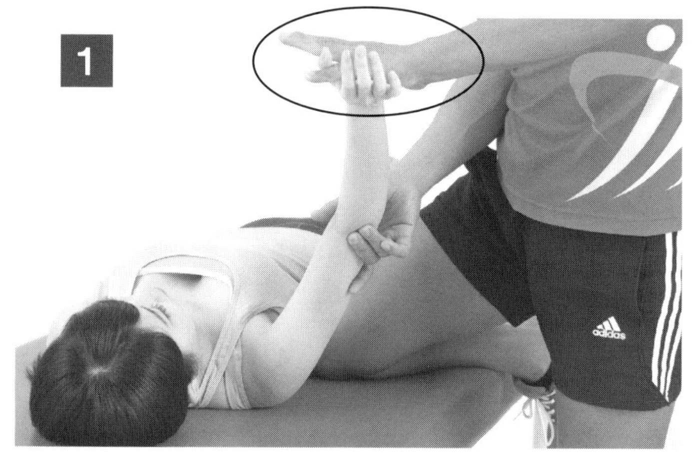

クライアントの親指と人差し指に術者の小指を絡ませて手を握る

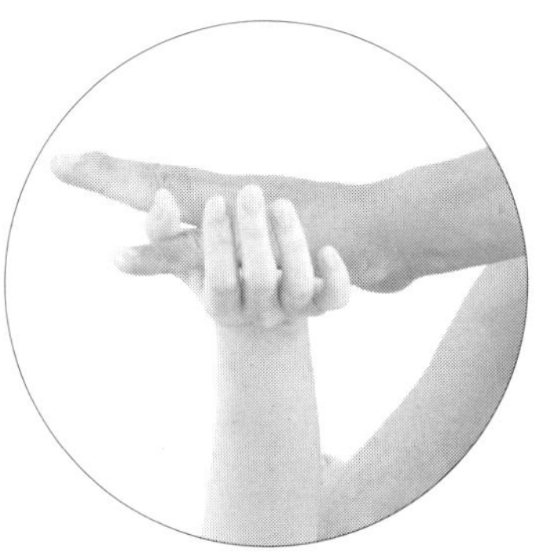

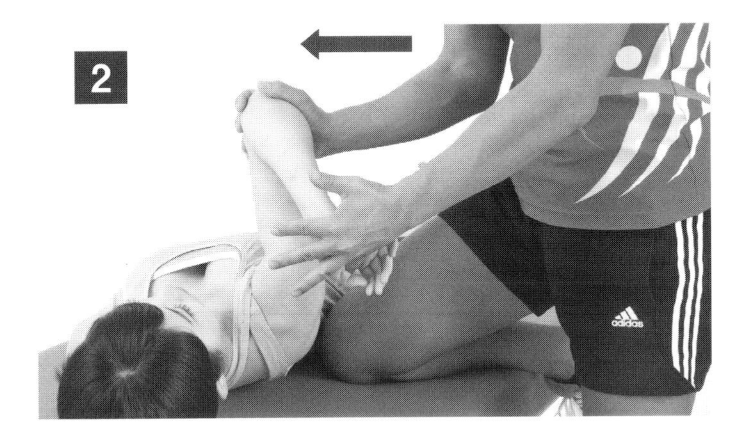

クライアントの肘を内側に移動しながら肩関節を外旋していく

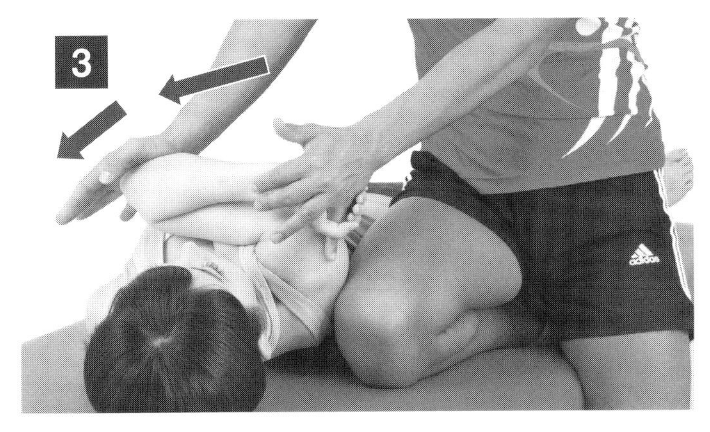

矢印の方向に押し、三角筋を伸ばす

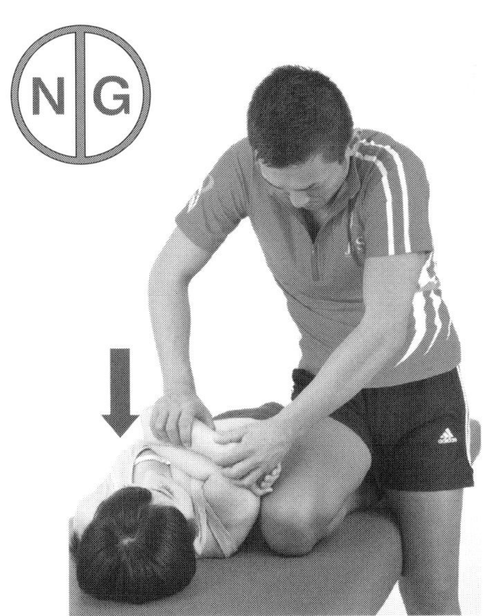

圧が真下にかかって伸びない。
肋骨に圧がかかり苦しい

◇床バージョン

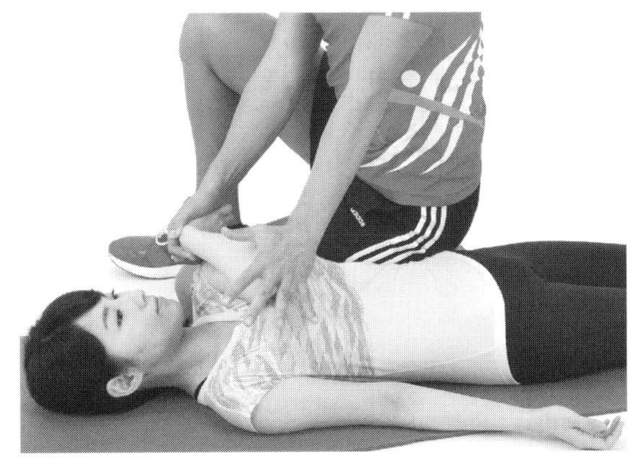

立膝にすることにより状態が安定する

三角筋ストレッチ肘関節伸展バージョン

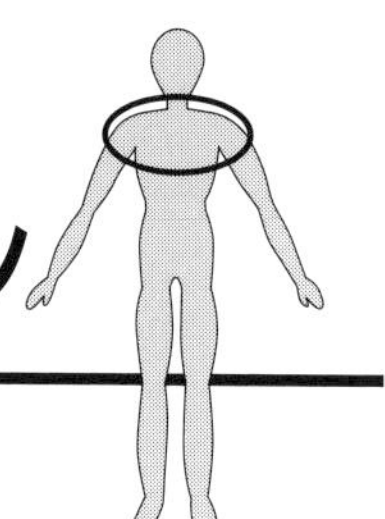

目的とねらい

・三角筋肘関節屈曲バージョンだと、肘関節が痛い場合があるので、
伸展バージョンもできるようになっておく

対象筋肉

・三角筋

効果

・肩こり改善
・肩関節の外転運動（手を上げる動作などが軽くなる）

Point

・効かせる前に肩を下制させる

施術方法

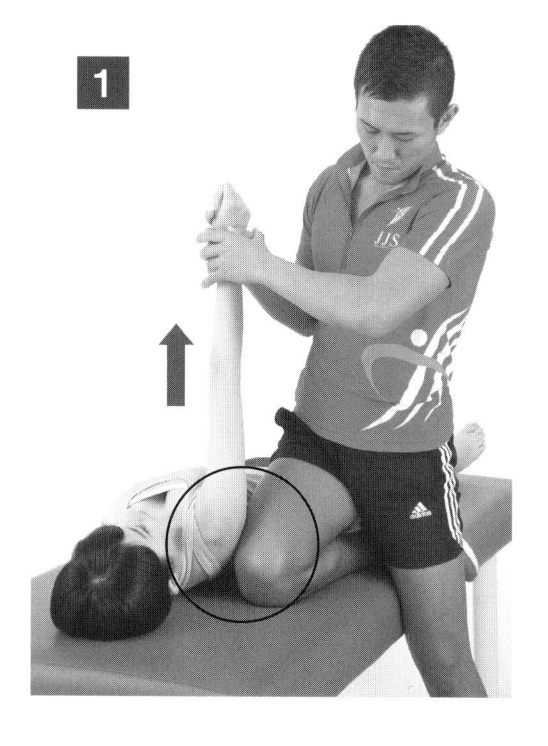

クライアントの手首を把持し、矢印の方向に牽引し、少し肩をベッドから浮かせる

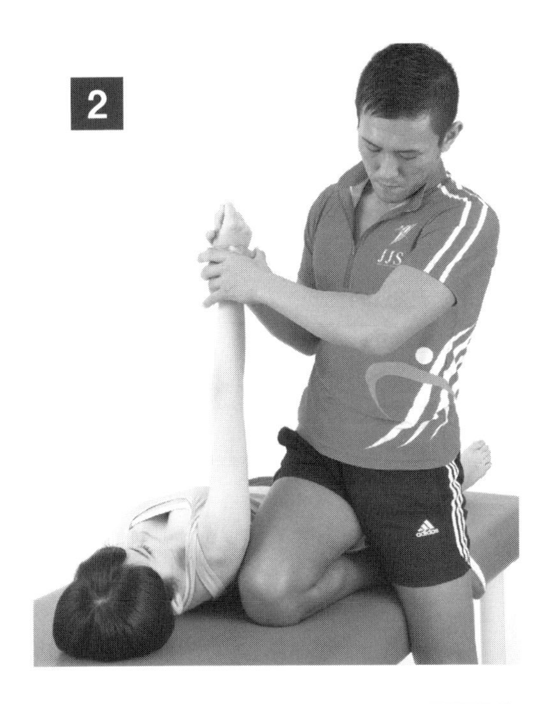

肩を浮かせた状態から、第２指～４指を引っ掛けて肩を下制させる。
体重を後ろにかけると肩を下制しやすい

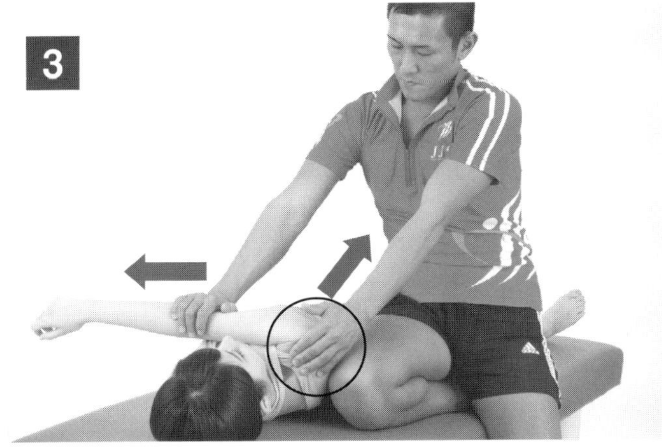

肩の下制をキープしつつ矢印の方向へ伸ばす

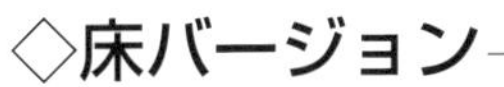

◇床バージョン

立膝にすることにより状態が安定する。
術者の上体を少し後方に倒すと力がはいりやすい

僧帽筋圧迫ムービング3点

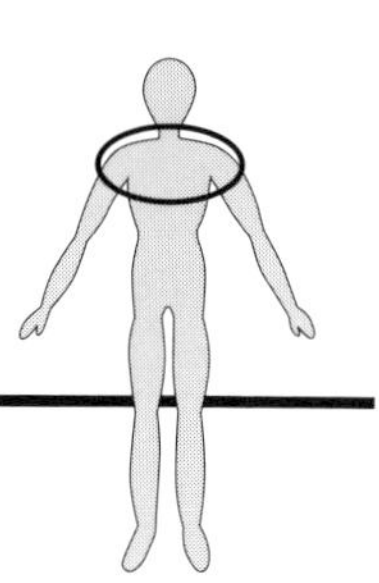

目的とねらい

・僧帽筋を圧迫しながらほぐし、肩こりを改善する

対象筋肉

・僧帽筋

効果

・肩こり改善

Point

・指の腹で圧迫する

施術方法

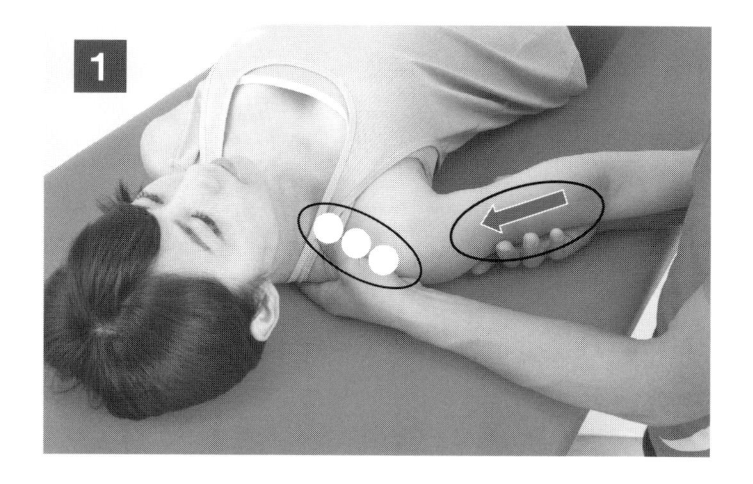

術者はクライアントの二の腕を把持し、肩を挙上させてから、僧帽筋を指の腹でつまむ。順番に白丸印の３ヵ所を行う

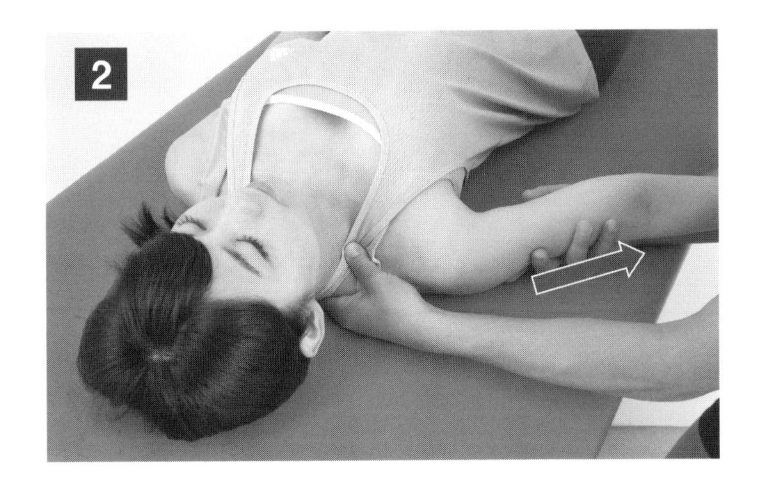

つまんだまま、二の腕を把持、下手を下方に引っ張り肩を下制させ僧帽筋に効かせていく

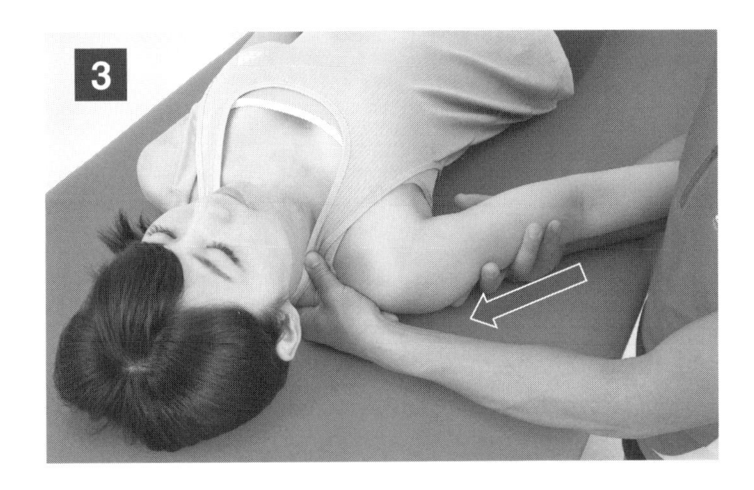

指をずらすときは再度肩を挙上させる

◇床バージョン

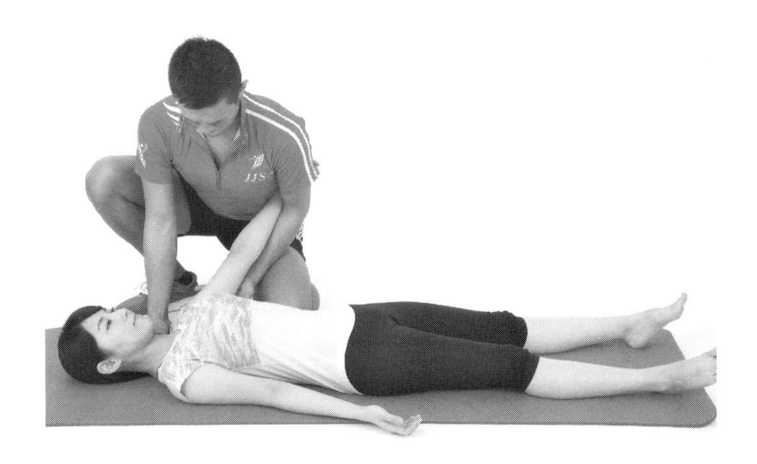

片膝立ちになり、この手技は少々前のめりの姿勢で行う

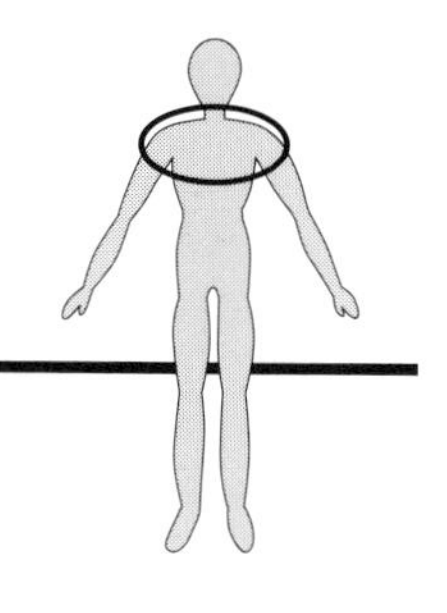

肩甲骨手根ムービング

目的とねらい

・肩甲骨を前方から後方に圧迫し、同時に腋窩リンパもほぐしていく

対象筋肉

・肩甲下筋など

効果

・肩甲骨の動きが良くなる
・肩こり改善

Point

・下に押すというよりもはがすという感覚！

※注意事項

・内側に圧をかけると肋骨が痛いので注意

施術方法

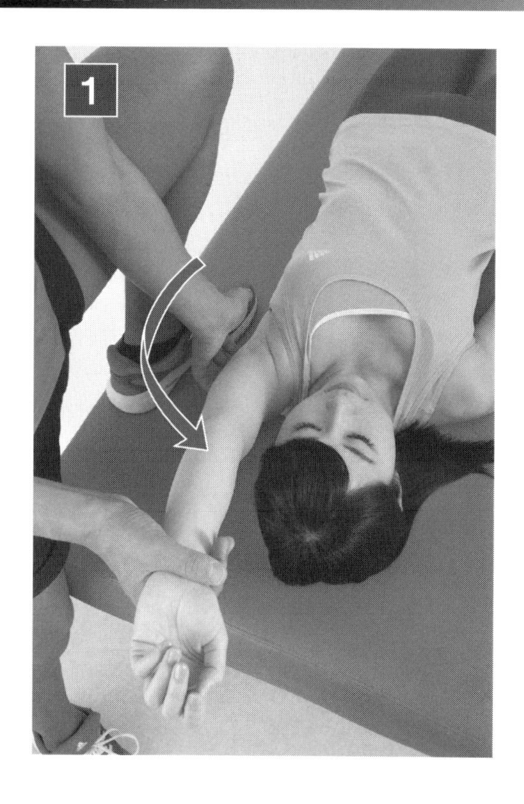

クライアントの手首を把持して肩甲骨を外転し、脇腹から肩甲骨の下角を出す

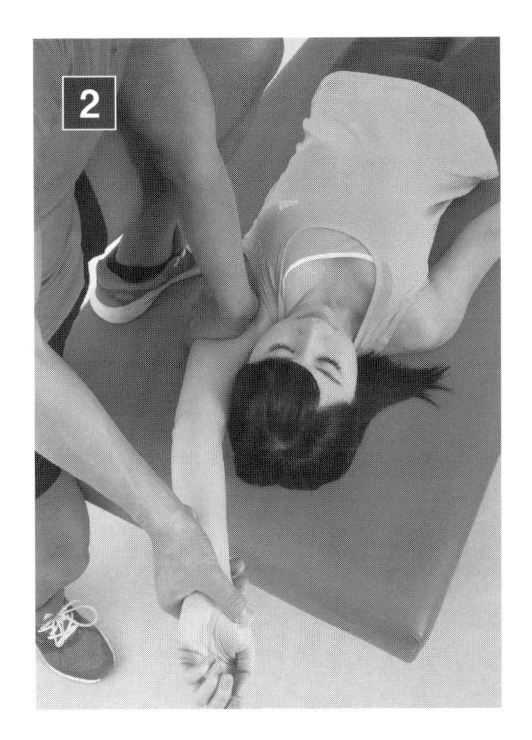

肩甲骨の下角が出たら手根で肩甲骨を前方から後方へ、3点をはがしてく

［1点目］

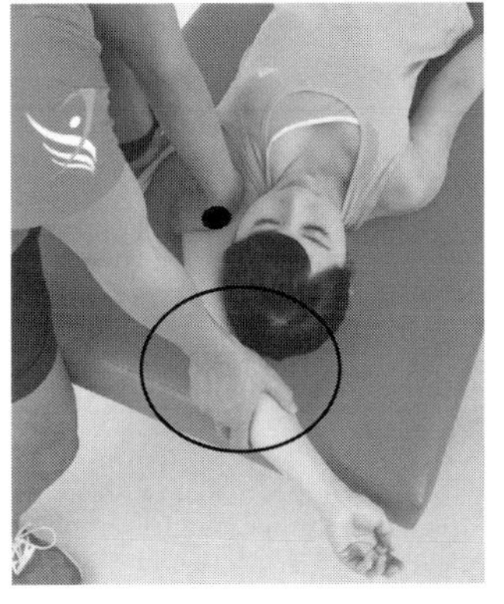

強く効かせる場合はクライアントの肘を把持すると安定する

［2点目］

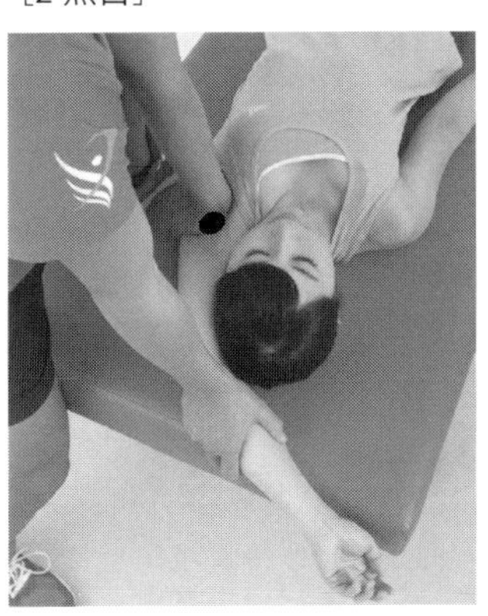

［3点目］

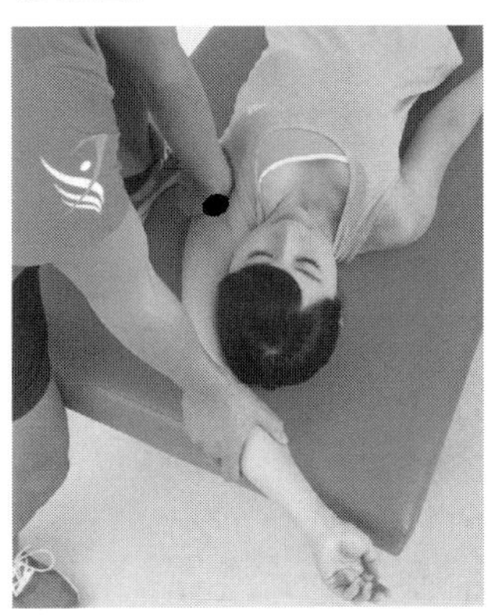

◇床バージョン

術者は片膝をついて、クライアントの頭の横上辺りに位置する。もう片方の脚は左のように肩膝を立て、上体を安定させ肩甲骨をはがす

第5章

横向き上半身・首・その他の仕上げのストレッチ

ローターカフストレッチ

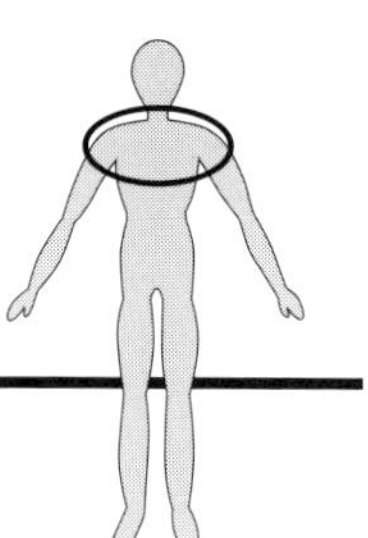

目的とねらい

・肩関節の動きを滑らかにする

対象筋肉

・ローテーターカフ（棘上筋・棘下筋・小円筋）

効果

・肩関節の内旋・外旋がスムーズになりスポーツのパフォーマンスがアップ
・五十肩の予防・改善

Point

・効かせて抜く／効かせて抜くで痛めないように

※注意事項

・脱臼癖がある方は最新の注意を払って行う。初心者は行わない

施術方法

1

術者の手の平とクライアントの手の平を重ねてひっかける

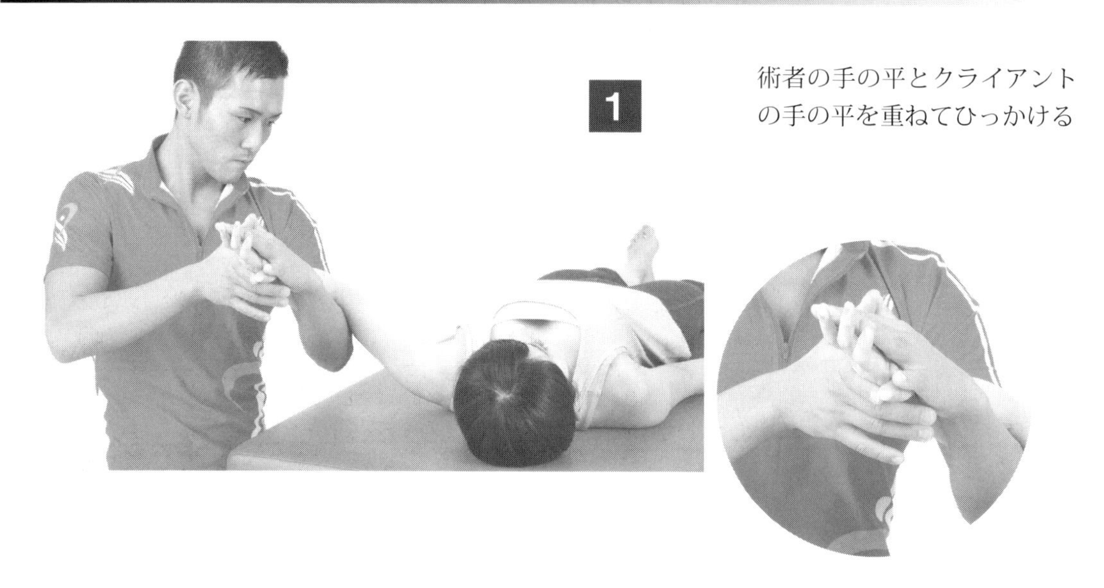

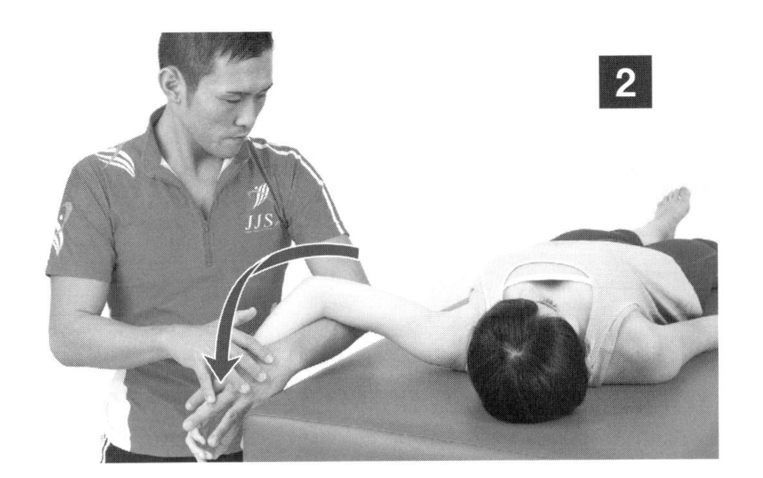

そのまま肩関節を矢印の軌道で円を描くように回していき外旋させる

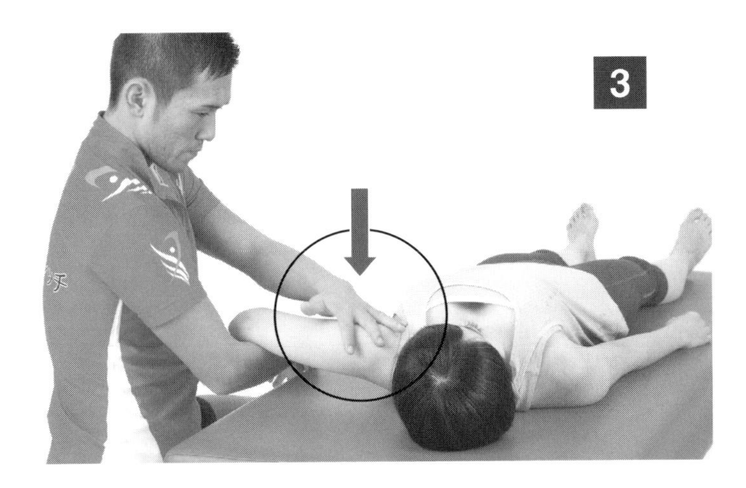

内旋し、クライアントの手のひらが天井に向くと、肩が上がってくるので術者は肩を上から押さえる

大胸筋上部ムービング3点

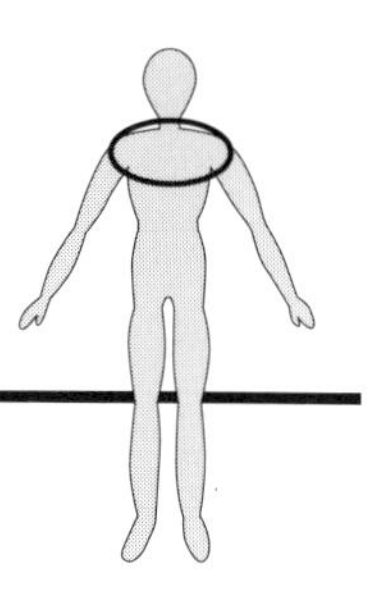

目的とねらい

・鎖骨際の大胸筋上部を親指で緩める

対象筋肉

・大胸筋上部繊維
・鎖骨下筋

効果

・鎖骨の動きが良くなるので、後で肩甲骨の動きを出したとき、さらに効果を感じられる

Point

・いったん鎖骨に指をあて、皮膚の弛みをとり圧をかけていく

※注意事項

圧の方向が鎖骨方向にかかると痛い

施術方法

1

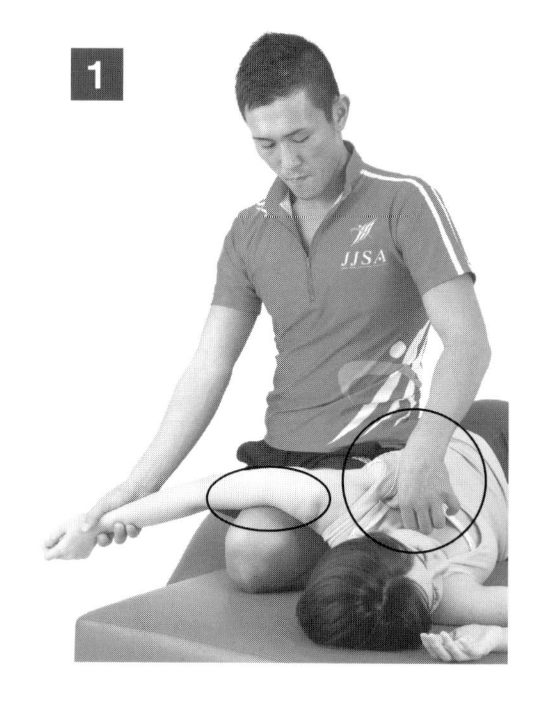

クライアントの背中に密着し、たおれないようにする。肩関節を伸展させ二の腕を術者の大腿部に置き安定させる。親指で鎖骨を触れてから皮膚の弛みをとり押していく

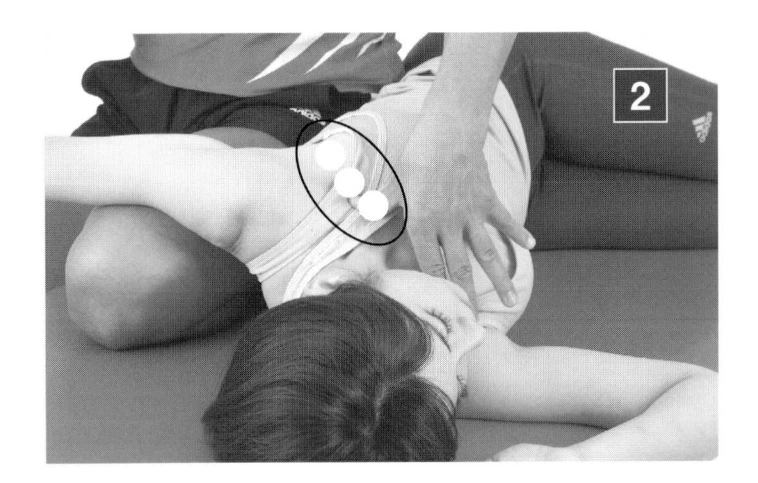

白丸印の部分を３点から５点ほどほぐしていく

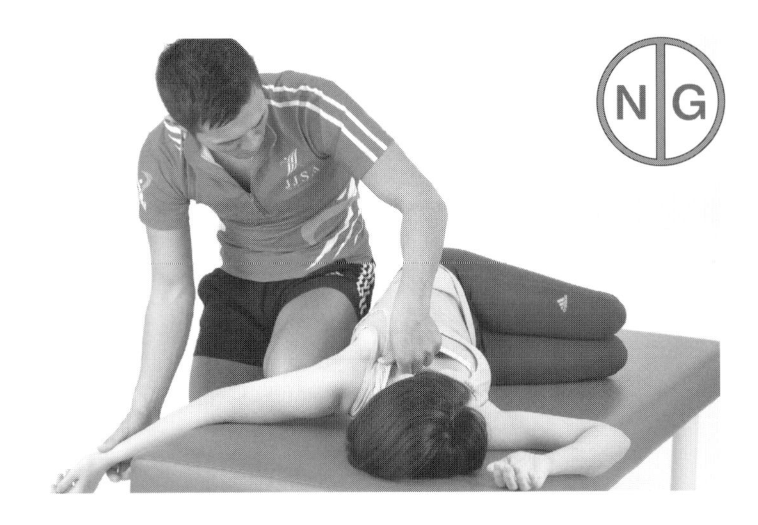

背中に密着していないと肩関節を伸展した際にクライアントの身体が後ろにたおれてしまう

◇床バージョン

術者は片方の脚を正座のような形にしクライアントの背部に密着し、クライアントの体勢を安定させる

前腕屈筋群ストレッチ

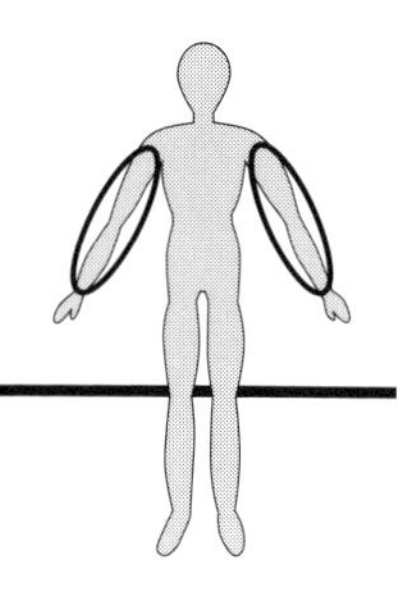

目的とねらい

・前腕の屈筋をストレッチし、前腕の疲れをとる

対象筋肉

・前腕屈筋群

効果

・バネ指、手根管症候群の予防・改善
・前腕の疲れがとれる

Point

手関節をしっかり背屈させてから行う

施術方法

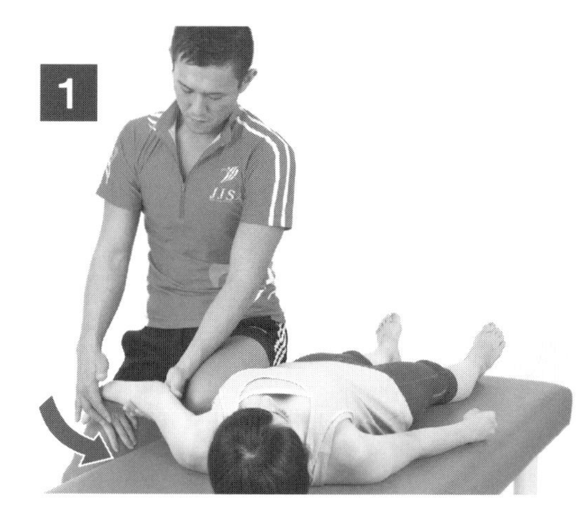

術者の大腿部にクライアントの手のひらと指を付けて手首を背屈させ、肘を軽度過伸展気味に固定する

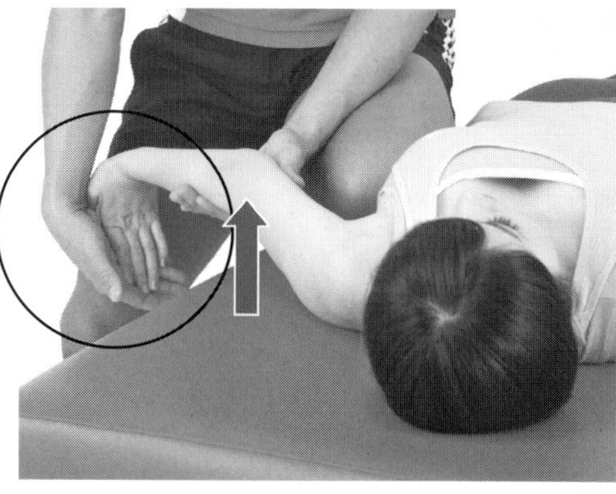

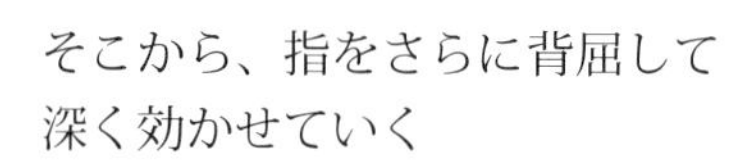

そこから、指をさらに背屈して深く効かせていく

前腕伸筋群ストレッチ

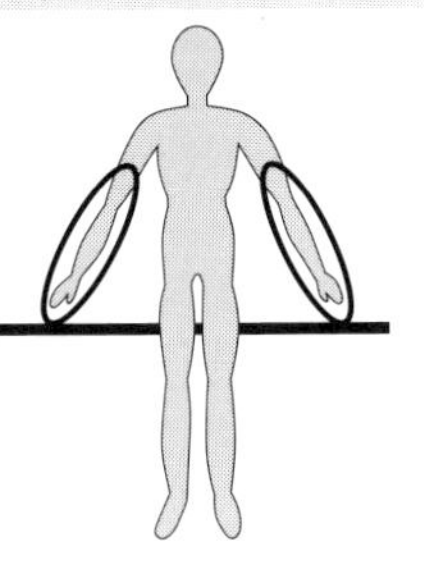

目的とねらい

・前腕の伸筋をストレッチし、前腕の疲れをとる

対象筋肉

・前腕伸筋群

効果

・テニス肘の予防・改善
・前腕の疲れがとれる

Point

・手関節をしっかり背屈させてから行う

施術方法

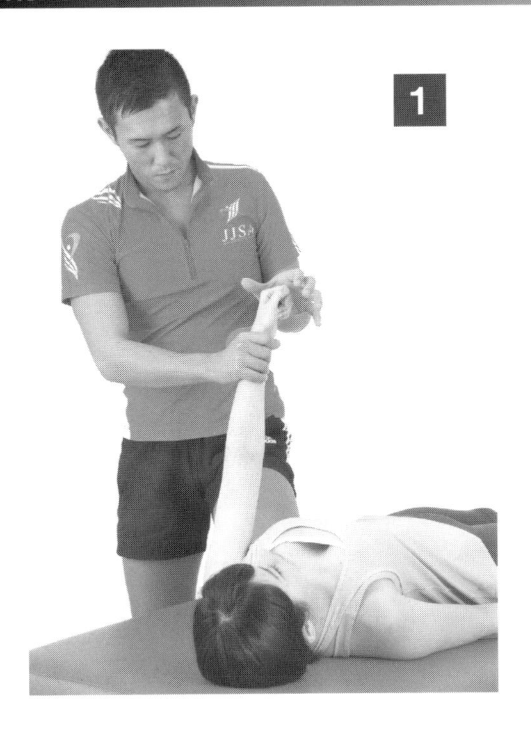

1

クライアントの手首を軽く把持し、クライアントの腕を上げる

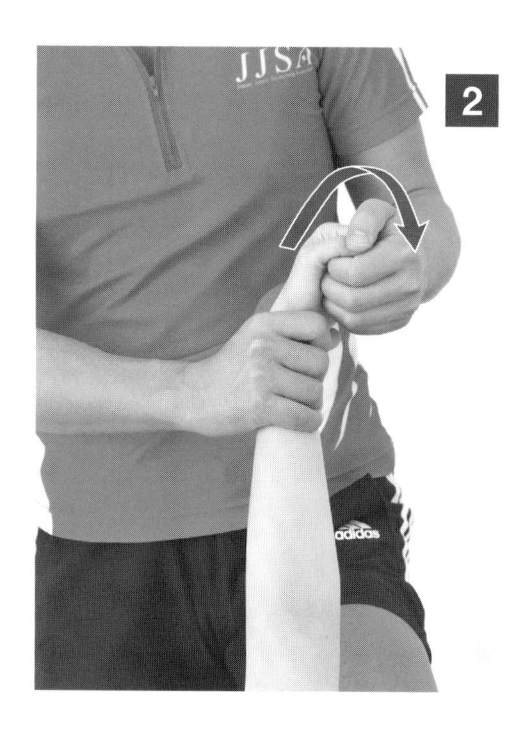

クライアントの指先に術者の指先を合わせ握り込みつつ手首を掌屈させていく

◇床バージョン

術者は片膝立ちになり上体を安定させる

※クライアントの肘が屈曲してしまい伸筋群を伸ばしにくい場合はクライアントの肘に手をあてる

肘関節裂隙(れつげき)（ムービング）広げる

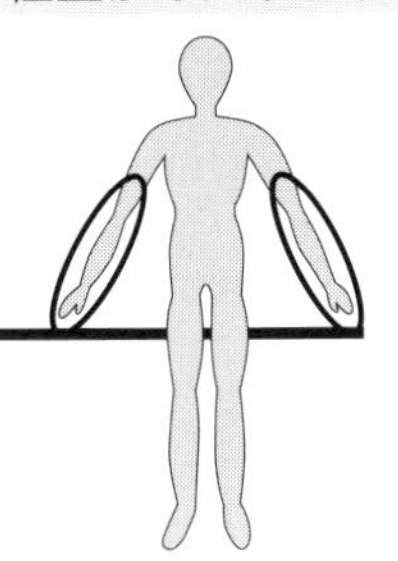

目的とねらい

・肘関節を広げつつ上腕二頭筋停止部、前腕屈筋群起始部を緩めていく

対象筋肉

・上腕二頭筋停止部
・前腕屈筋群起始部

効果

・肘の屈曲・伸展がやりやすくなる

Point

・前腕を少し牽引ぎみで行う

※注意事項

・上腕二頭筋停止部あたりは痛みが強い部分なのでゆっくり慎重に行う

施術方法

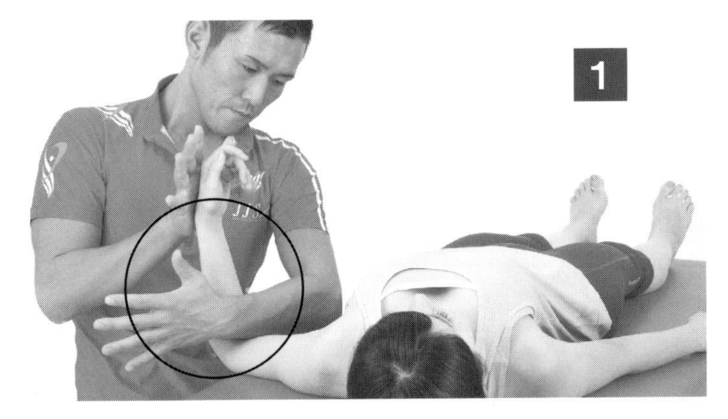

1

クライアントの肘関節に前腕を挟む

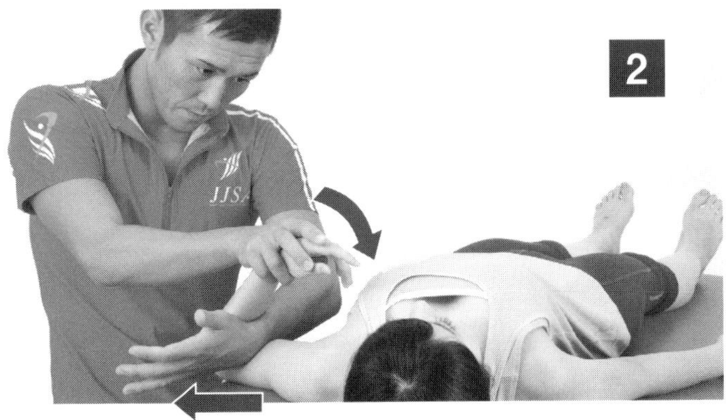

2

少し牽引をしながら肘関節を屈曲する

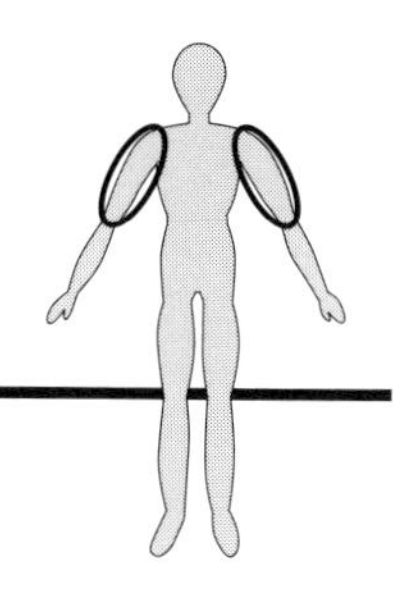

上腕二頭筋ムービング

目的とねらい

・上腕二頭筋を拇指で緩めてストレッチがかかりやすい状態にする

対象筋肉

・上腕二頭筋

効果

・上腕二頭筋を緩める
・上腕二頭筋腱炎の予防・改善

Point

・指の腹でじわっとほぐす

※注意事項

・指先で行うと相当痛いので注意

施術方法

大胸筋上部ムービングの体制から重ね拇指で上腕二頭筋を押す

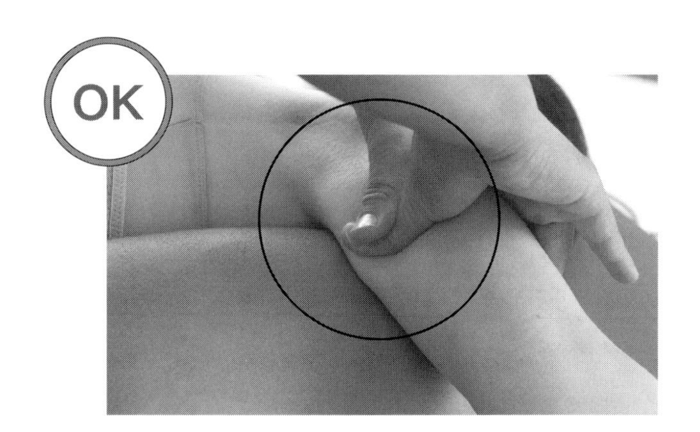

指の腹で押す

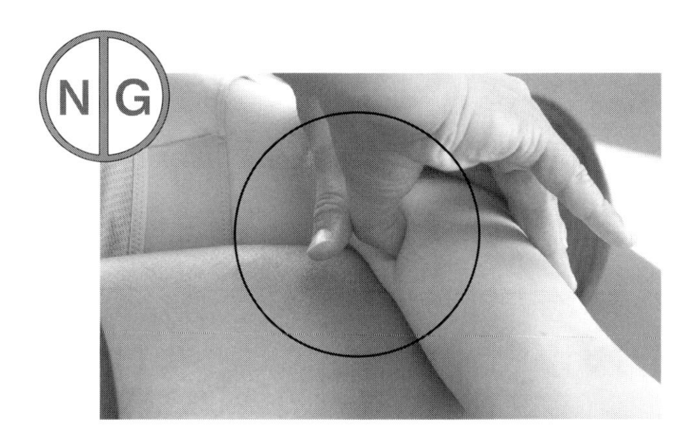

指先で押してしまっているので痛い

◇床バージョン

術者は片方の脚を正座のような形にしてクライアントの背部に密着し、クライアントの体勢を安定させる

上腕二頭筋ストレッチ

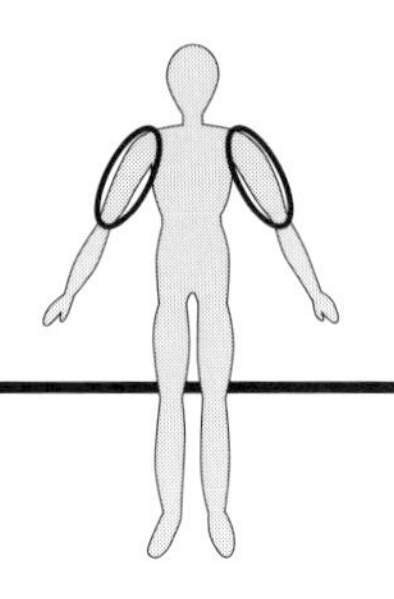

目的とねらい

・上腕二頭筋を伸ばす

対象筋肉

・上腕二頭筋

効果

・上腕二頭筋腱炎の予防・改善

Point

・伸ばす際に肩をしっかりと下制させる

※注意事項

・脱臼癖がある方に強く効かせるときは注意

施術方法

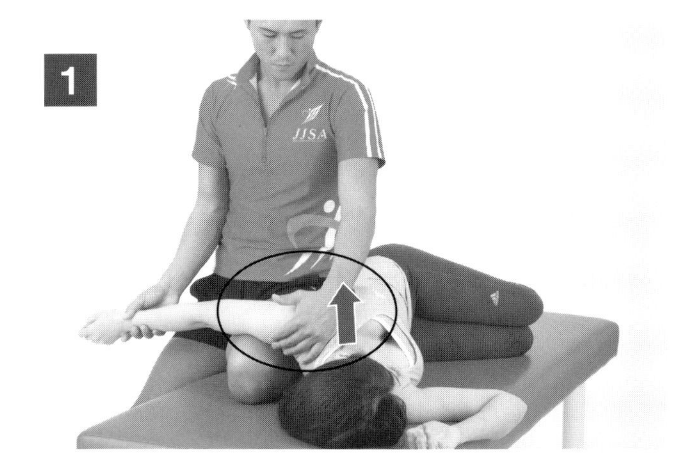

上腕二頭筋ムービングの体制のまま右手でクライアントの手首を把持し、左手でクライアントの肩を下制させる

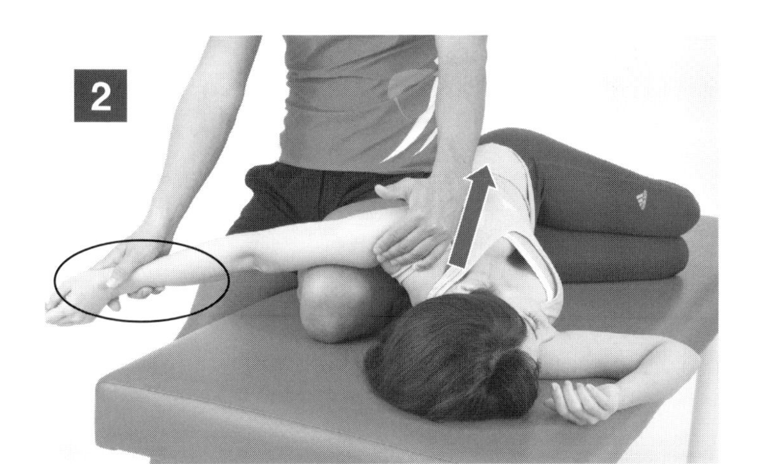

把持した手首を上げていき肩関節を伸展させ上腕二頭筋を伸ばしていく

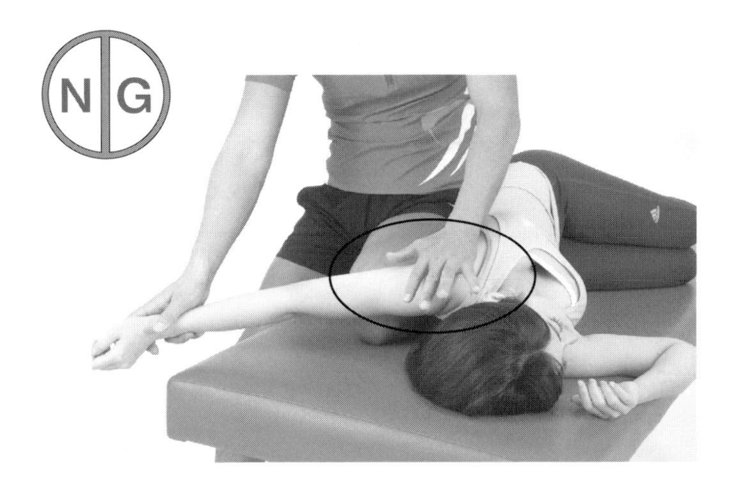

肩の下制が決まらず上腕二頭筋が伸びていない

大胸筋 中部・下部ムービング

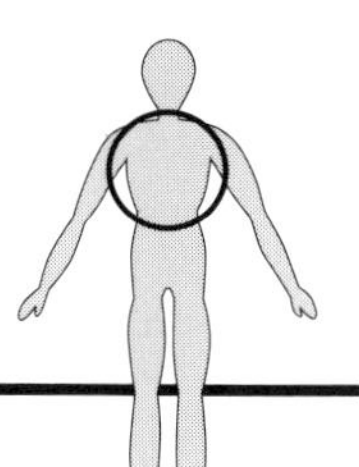

目的とねらい

・大胸筋を緩める

対象筋肉

・大胸筋

効果

・大胸筋が伸びやすくなりストレッチをかけやすくなる

Point

・一回一回のムービングで１ミリでも可動域を広げるようにする

※注意事項

・肋骨に圧をかけない

施術方法

1

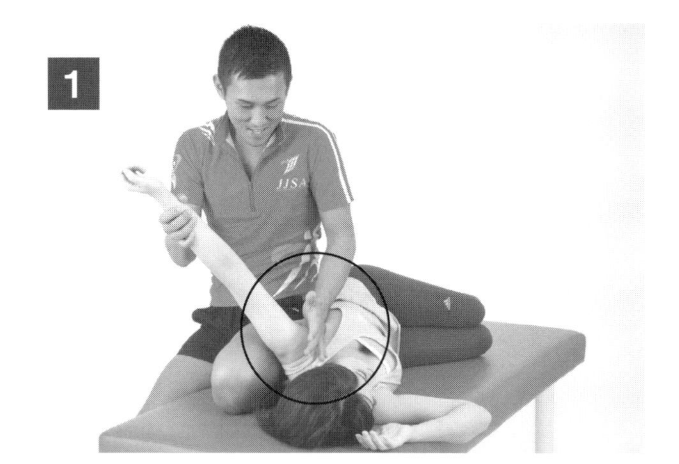

上腕二頭筋ストレッチと同じ体制から手刀で大胸筋を圧迫する

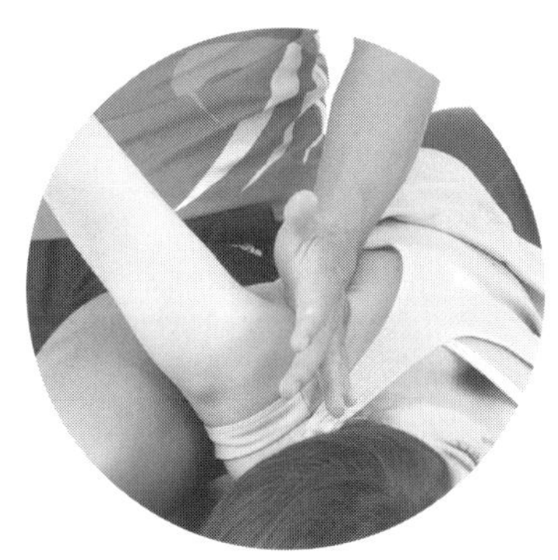

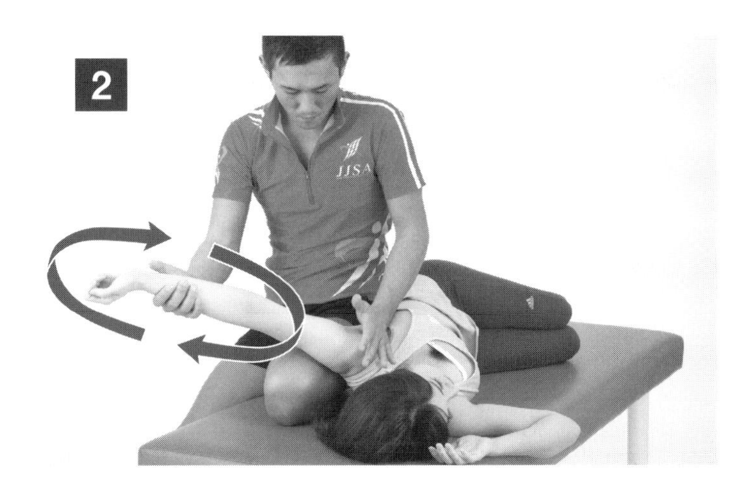

圧迫しながら、クライアントの腕で大きな円をかくように回し、可動域をあげていく

大胸筋中部３点、下部３点（下白丸印）行う。一回一回少しでも可動域をあげるように

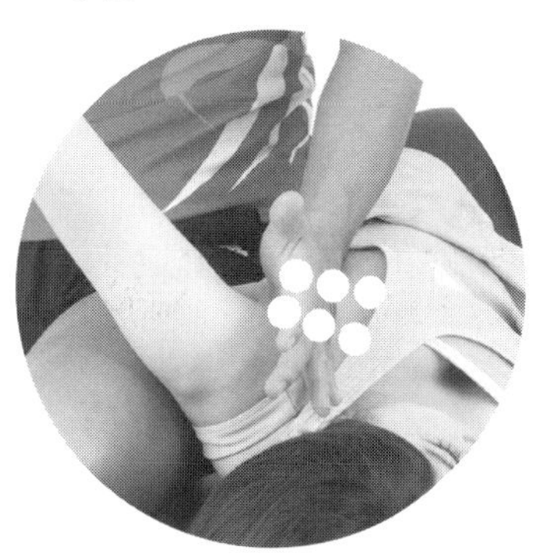

◇床バージョン

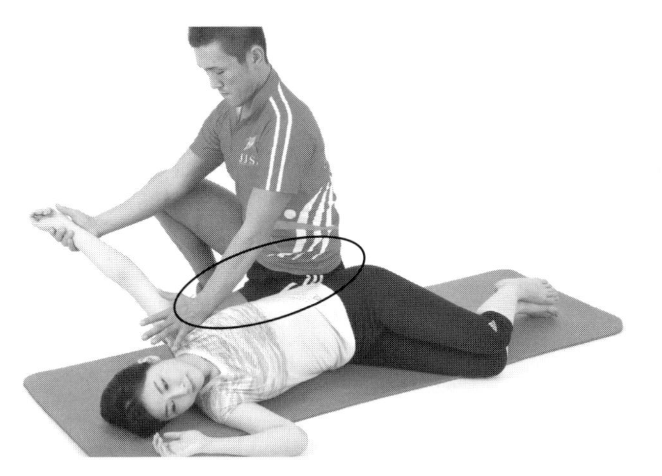

術者は片方の脚を正座のような形でクライアントの背部に密着し、クライアントの体勢を安定させる

※密着しないとクライアントの身体がたおれてくる

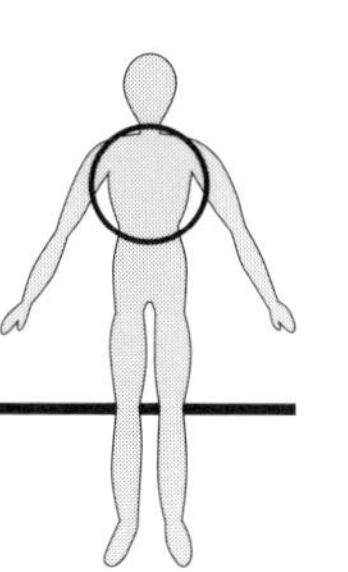

大胸筋ストレッチ 上部・中部・下部

目的とねらい

・大胸筋を伸ばす

対象筋肉

・大胸筋

効果

・猫背改善

Point

・上・中・下としっかりと繊維を意識して伸ばす

※注意事項

・脱臼壁がある方は注意する

施術方法

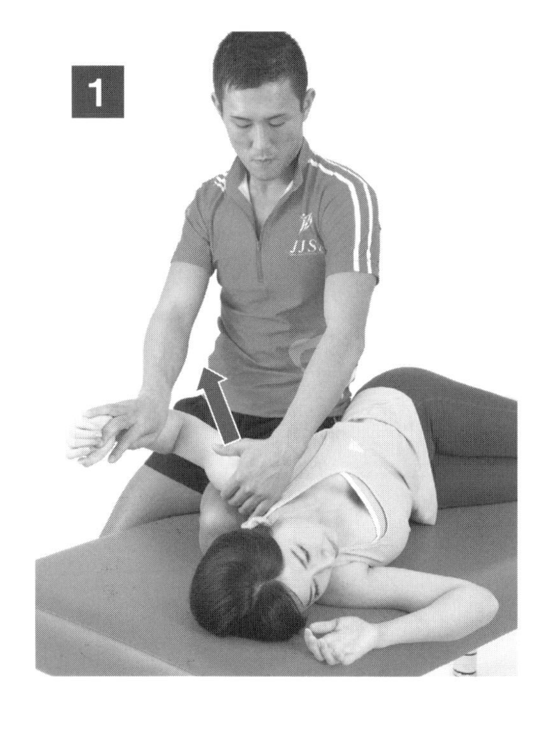

［上部］
術者の大腿部をクライアントの背部に密着させ大胸筋に軽く手をあて伸ばしていく。
上部を伸ばすときはクライアントの肘の位置は鎖骨より下が目安
※筋肉の走行を意識！

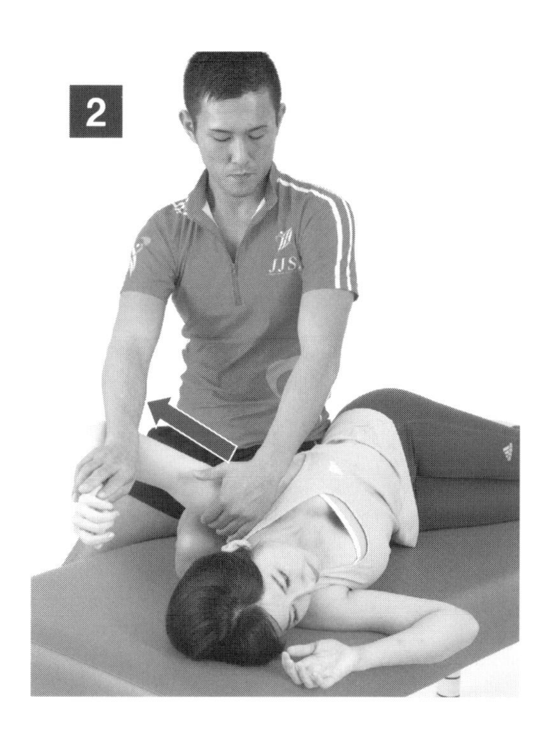

［中部］
角度によって大胸筋繊維の伸びる方向が違うので繊維の走行を意識して伸ばす。
中部を伸ばすときはクライアントの肘の位置は肩より拳ひとつ分上

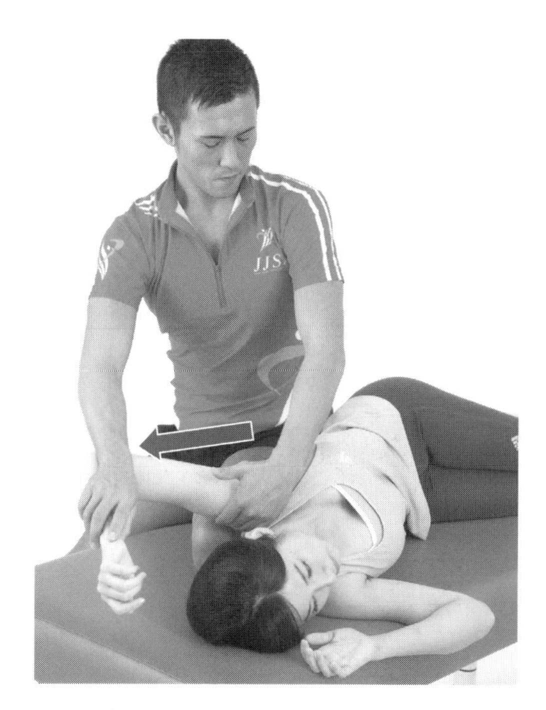

［下部］
下部を伸ばすときはクライアントの肘の位置は耳の高さが目安。角度によって大胸筋繊維の伸びる方向が違うので繊維の走行を意識して伸ばす

◇床バージョン

この手技は術者とクライアントの密着がポイント

三角筋ムービング

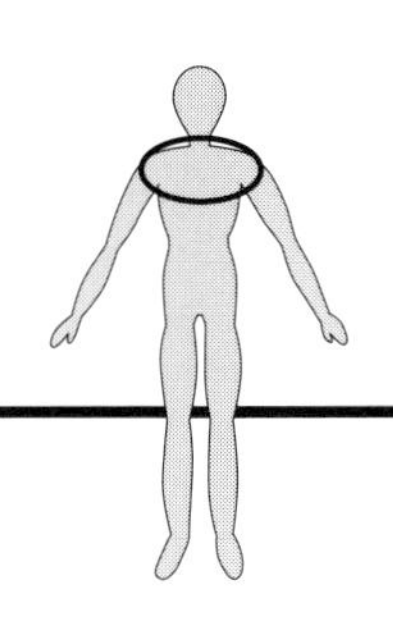

目的とねらい

・三角筋のストレッチがかかりやすいようにほぐす
・リラックス

対象筋肉

・三角筋

効果

・肩回りが楽になる

Point

・圧をかけてから上に引っ張る

施術方法

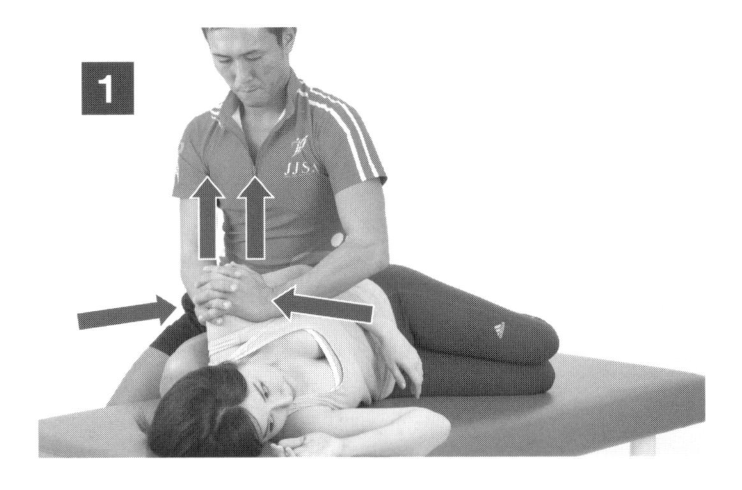

両手の手根で三角筋の起始部を把持し、上に引き上げるような感じで引っ張る

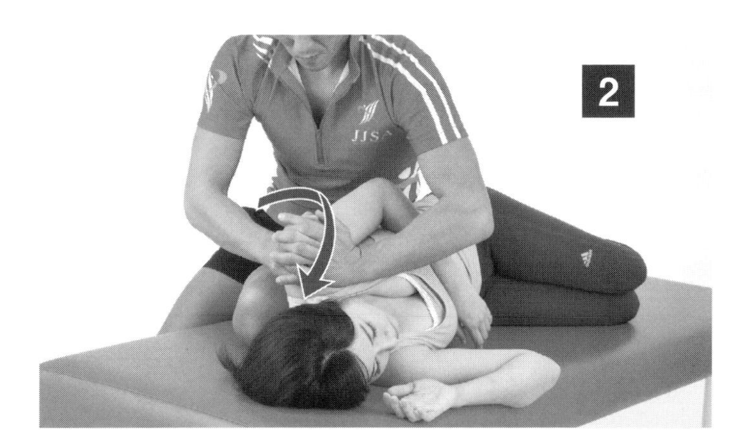

2

その状態のままゆっくりと回す
※圧を抜かない

3

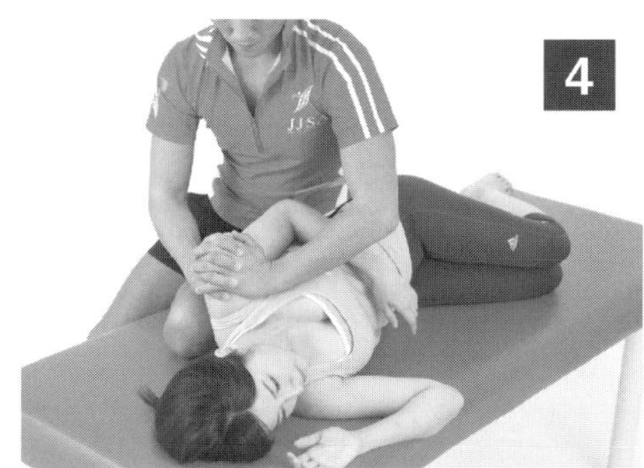

4

回し中も圧を抜かないように！

◇床バージョン

この手技は術者の姿勢が前のめりになりがちなので、お腹に力をいれ術者の腰痛を防止しよう

上腕三頭筋ストレッチ

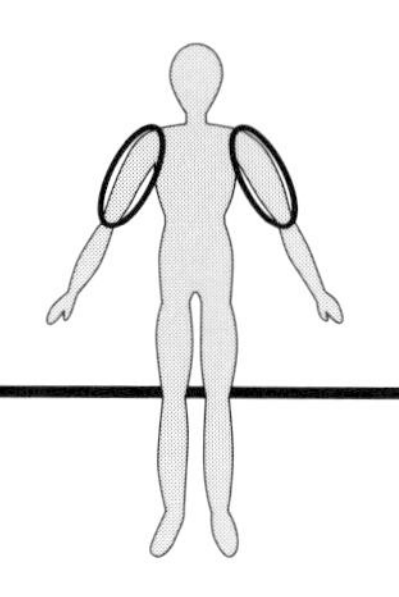

目的とねらい

・上腕三頭筋を伸ばす

対象筋肉

・上腕三頭筋

効果

・上三頭筋が緩み伸びやすくなる

Point

・肘を鋭角屈曲する

※注意事項

・クライアントの肘を鋭角屈曲する際に二の腕の皮膚を引っ張らない

施術方法

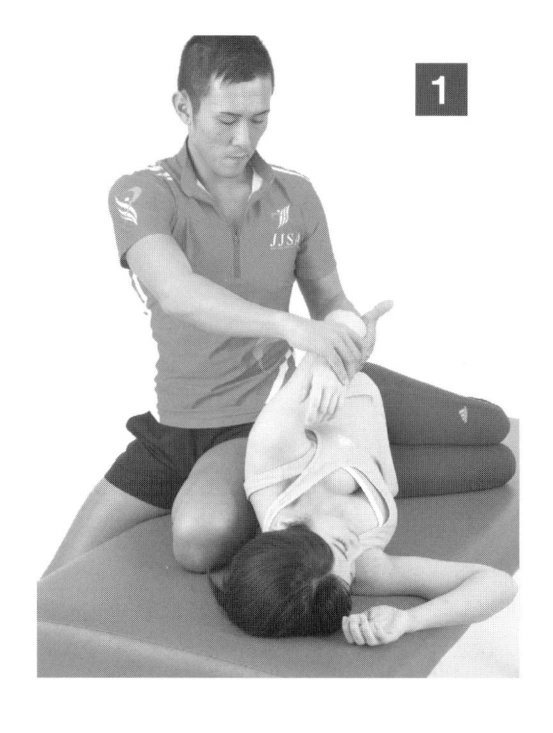

1

クライアントの手首、肘を把持し
腕を後ろに回す

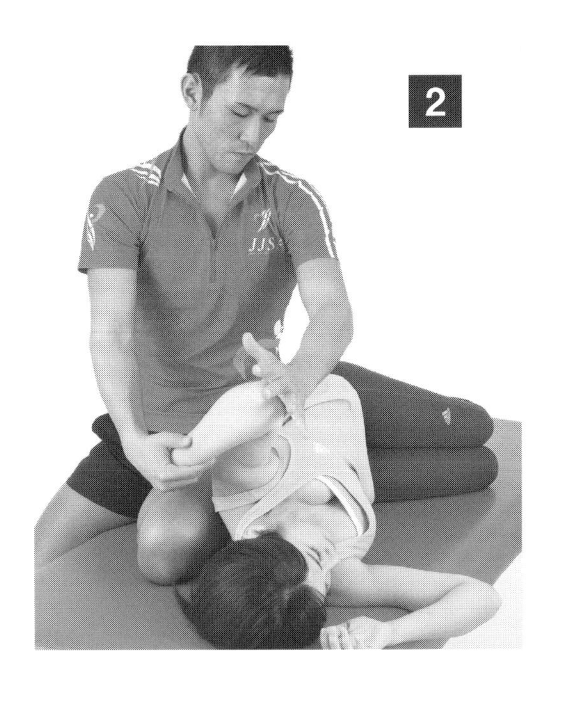

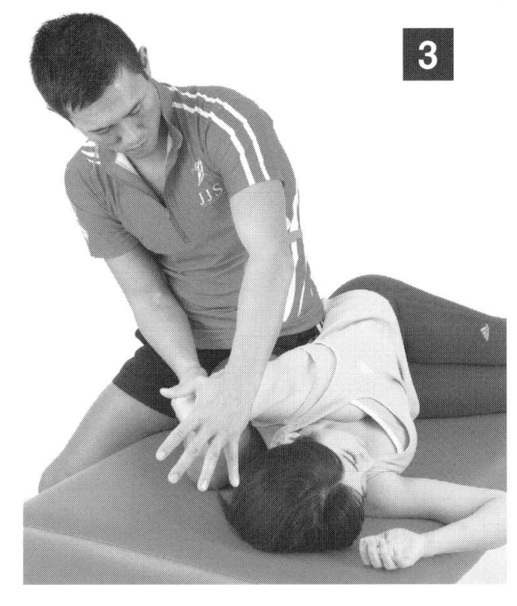

クライアントの腕を後ろに持ってくる

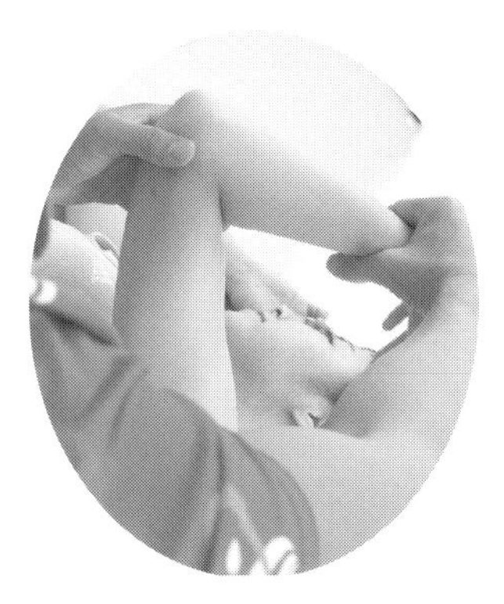

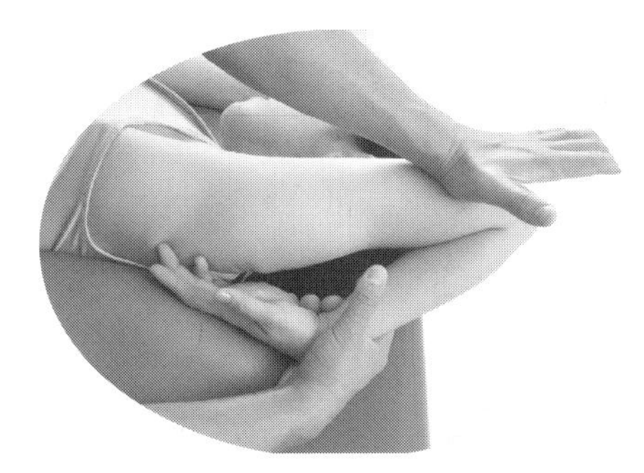

◇床バージョン

クライアントの体勢がとくに後ろにたおれやすい手技なので術者はしっかりと背部に密着する

上腕三頭筋ムービング

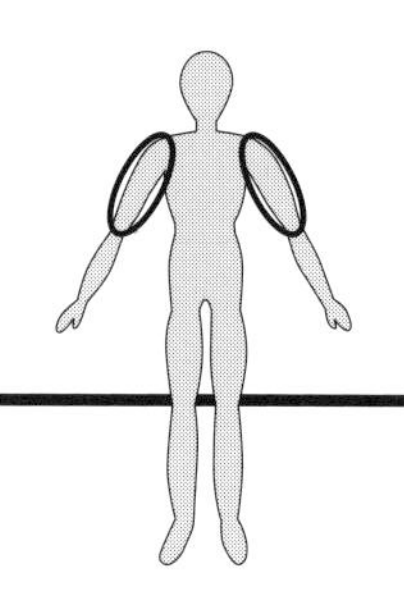

目的とねらい

・上腕三頭筋にストレッチをかけていく

対象筋肉

・上腕三頭筋

効果

・上腕三頭筋が伸びやすくなる

Point

・内側・中間・外側としっかり区別してほぐす

※注意事項

・ほぐすときに手根で二の腕の皮膚を引っ張らないように

施術方法

1

術者はクライアントの手首を把持して肘を鋭角に屈曲する。
反対の手元でクライアントの上腕三頭筋をゆるめる

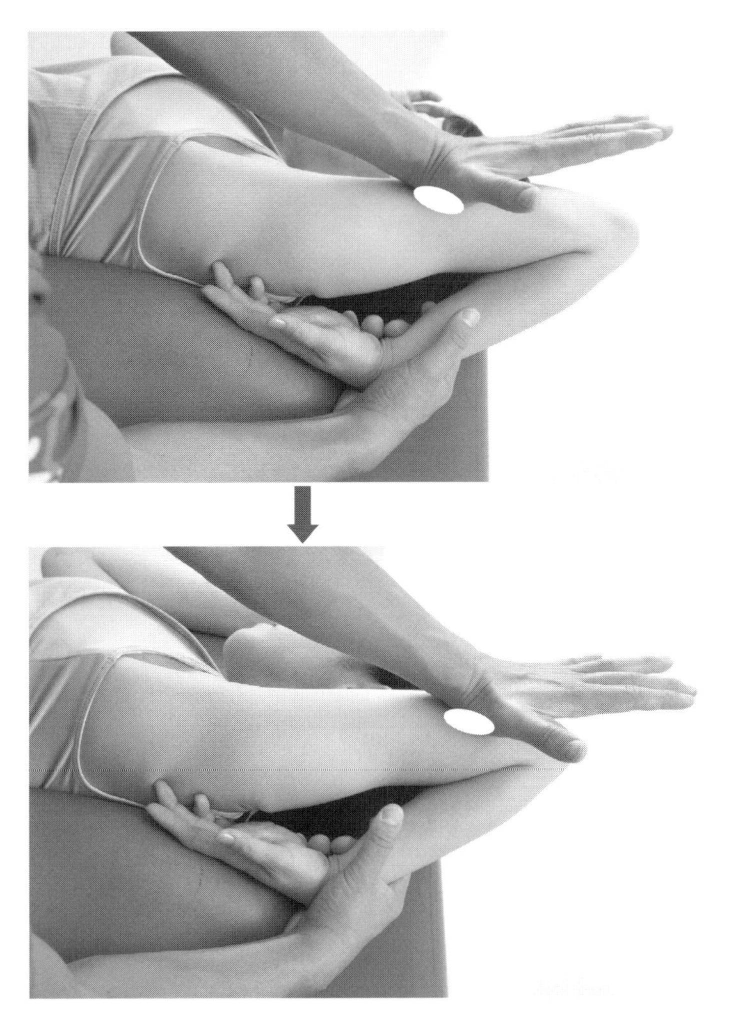

白丸印の部分を順番に手元でほぐしていく

◇床バージョン

術者はクライアントの背部に密着し、たおれないようにする

僧帽筋拇指圧3点（ムービング）

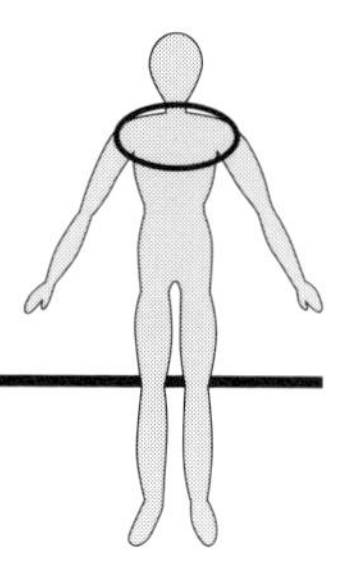

目的とねらい

・僧帽筋を拇指で３点ほぐして肩を上がりやすくする

対象筋肉

・僧帽筋

効果

・腕が上がりやすくなる
・肩こりの改善

Point

・僧帽筋を先に効かせてから肩を挙上し効かせる

施術方法

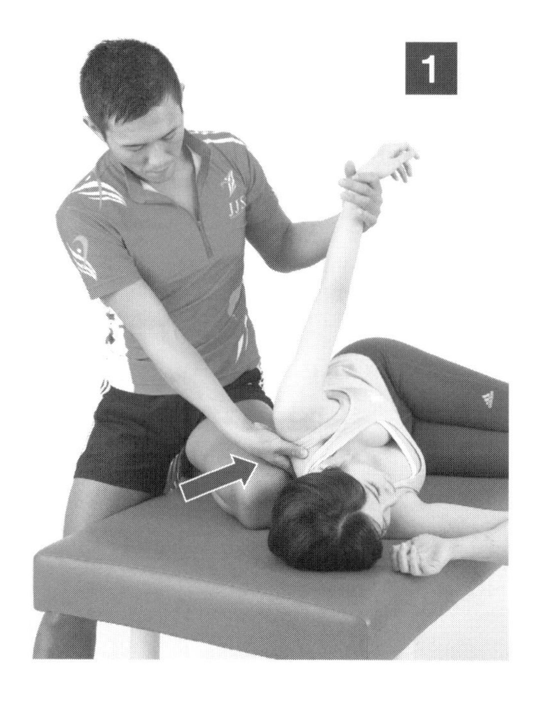

掛指で僧帽筋に圧をかけこの時点でしっかりと効かせる

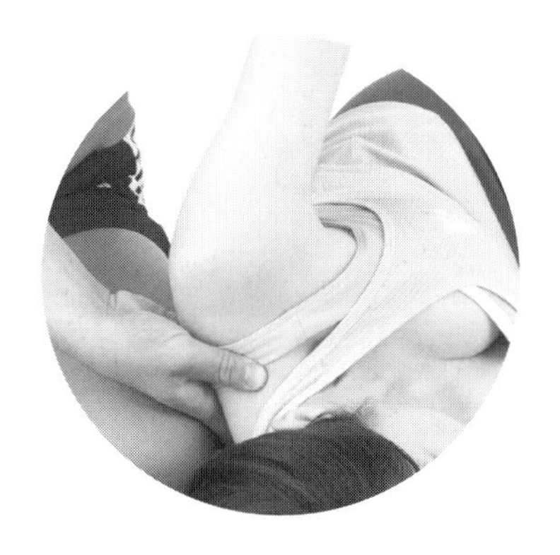

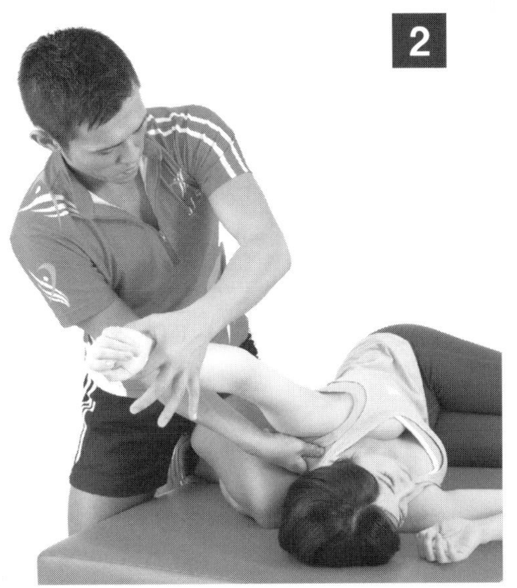

2

拇指圧を緩ませずに、手首を把持した方の手で肩を挙上するように引っ張る
※手首を引っ張るのではなくあくまで肩を挙上させる

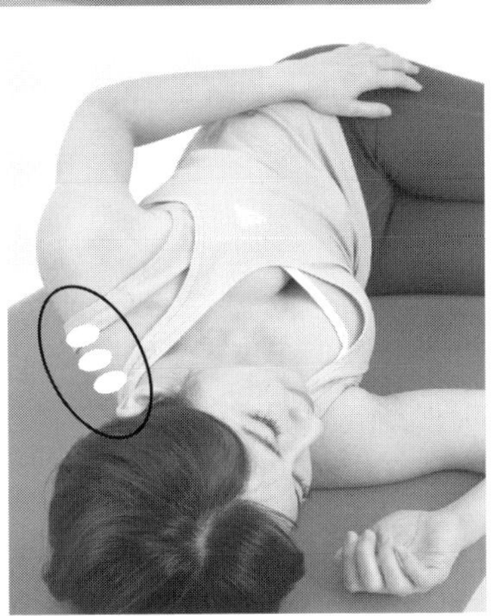

白丸印の部分に順に圧をかける

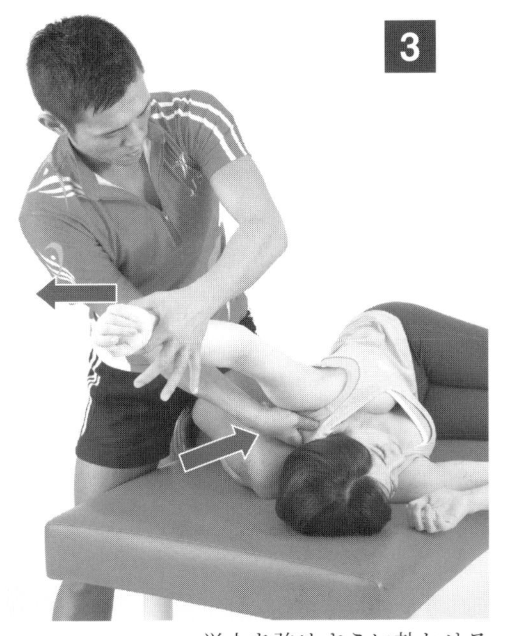

3

挙上を強めさらに効かせる

◇床バージョン

術者はクライアントの頭より下方に位置することがポイント。
この位置により力が入りやすくなる

僧帽筋上部ストレッチ

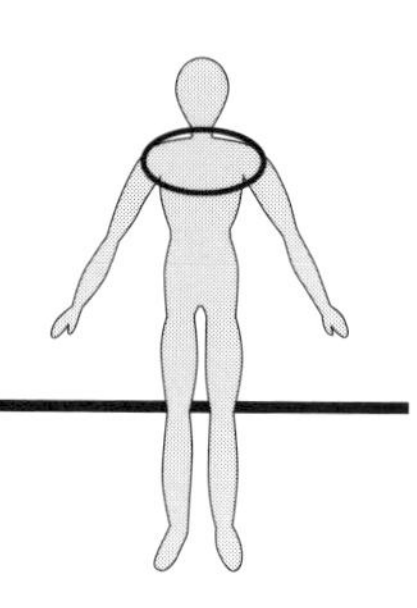

目的とねらい

・僧帽筋の上部にストレッチをかけ、首の動きを良くする

対象筋肉

・僧帽筋
・肩甲挙筋

目的とねらい

・僧帽筋の上部をストレッチをする

効果

・肩こり改善
・首こり改善
・頭痛、めまい改善

Point

・肩を下制した際に首が浮くくらい引っ張る

※注意事項

・拇指圧をする際は頚椎を上から圧迫しないようにする

施術方法

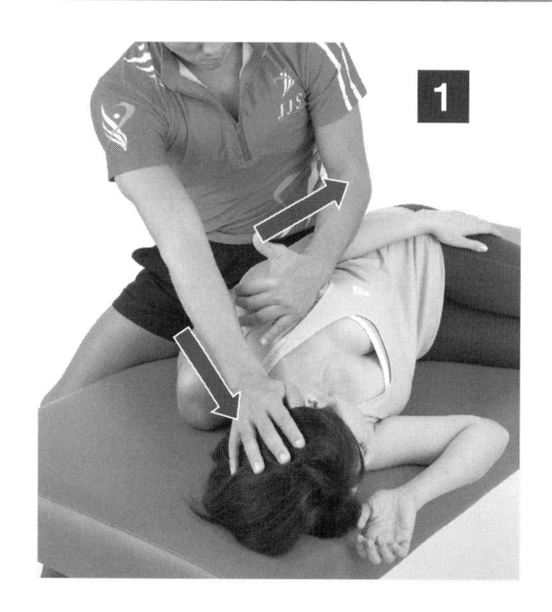

クライアントの肩を下制させ少し首が上に浮いてくる感じになったら、首を斜め前に押し僧帽筋上部を伸ばす

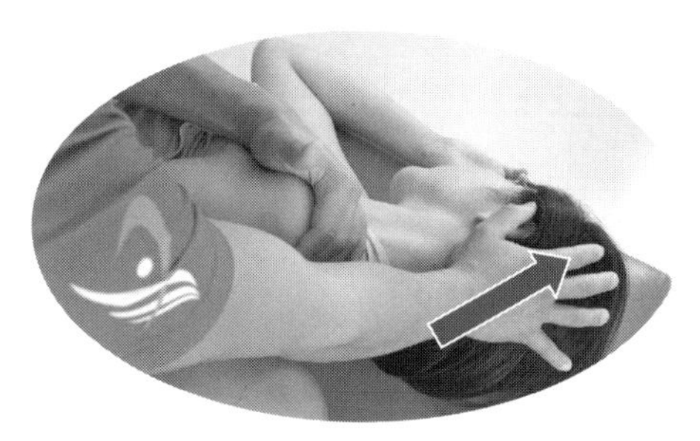

手根で真下に圧迫しないように注意。矢印の方向で筋肉を伸長します

◇床バージョン

この手技も術者はクライアントの頭より下方に位置することがポイント

広背筋ストレッチ

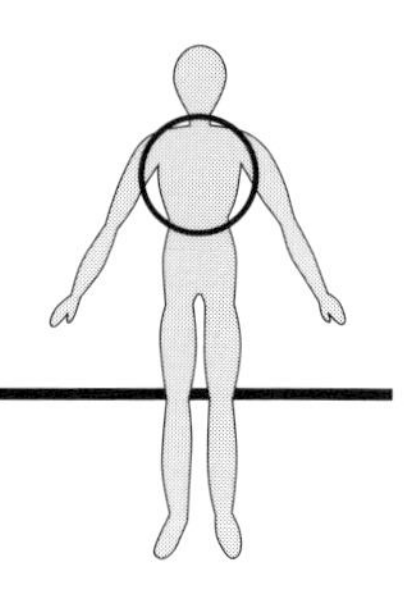

目的とねらい

・広背筋を伸ばし肩、腕を上がりやすくする

対象筋肉

・広背筋

効果

・肩、腕を上がりやすくする
・ラットプルダウンが入りやすくなる

Point

・大きな弧を描くように引っ張る

施術方法

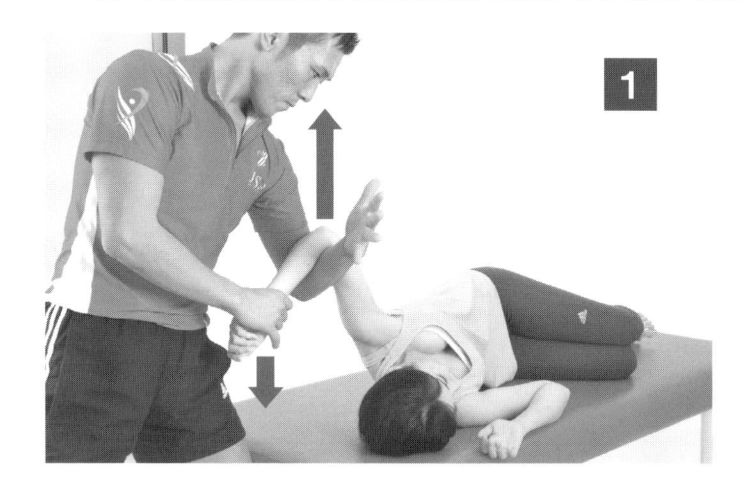

1

術者の腕にクライアントの腕を引っ掛ける。
矢印の方向に牽引する

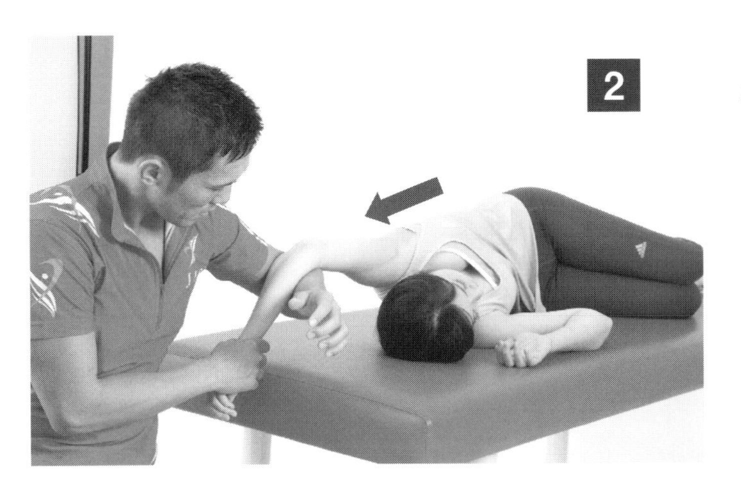

さらに牽引を緩めず広背筋を引っ張る

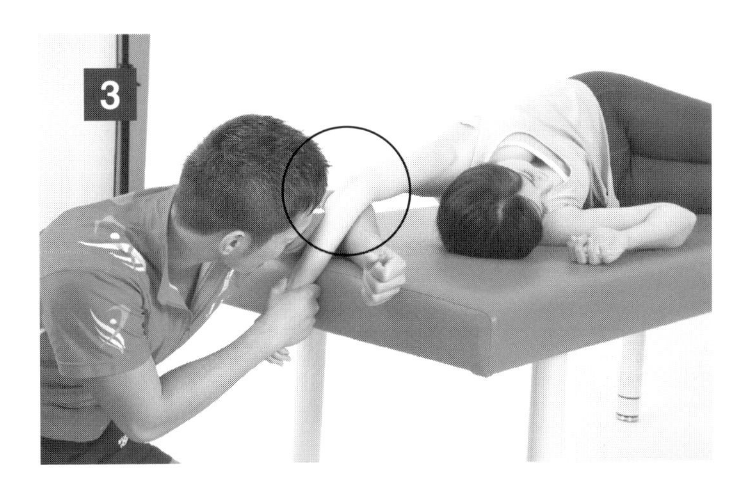

ベッドに前腕をつき安定させる（前腕回内・回外中間位）

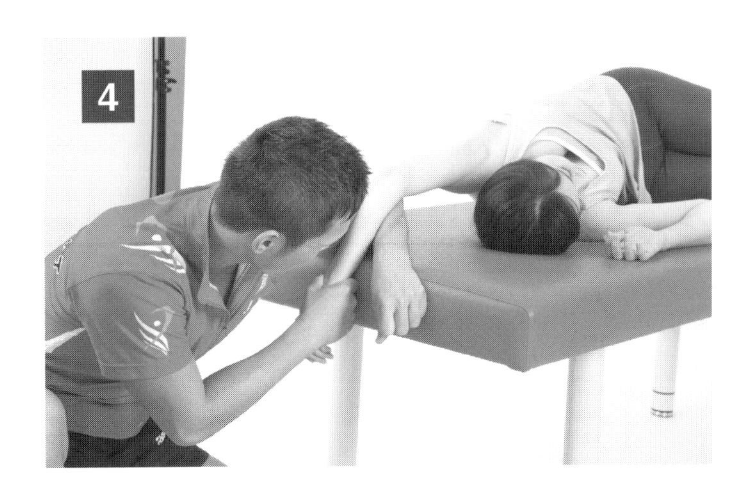

そこから前腕を回内しつつさらに引っ張り、広背筋に効かせる
※前腕がミソ!!

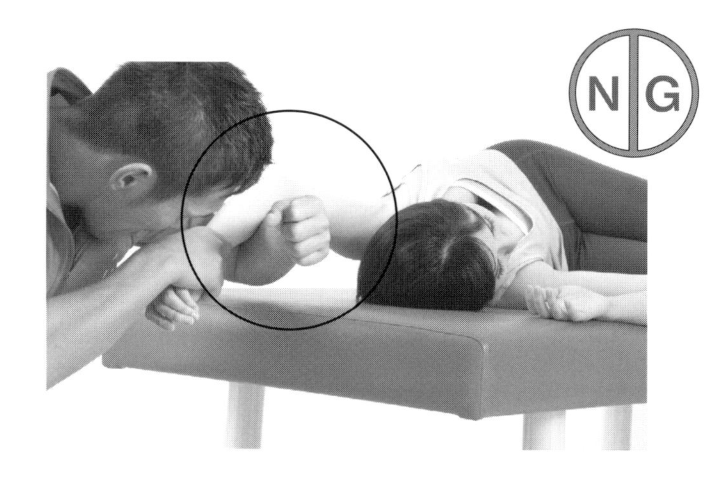

術者の前腕が空中に浮いているので安定しない。ストレッチが弱い

◇床バージョン

術者はクライアントの骨盤を把持する。
反対の手でクライアントの手首を把持して術者の大腿部で挟む

横向きローテーターカフストレッチ

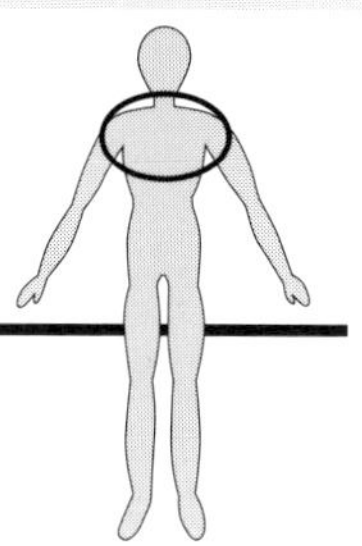

目的とねらい

・肩関節の動きを滑らかにする

対象筋肉

・ローテーターカフ

効果

・肩関節の動きが滑らかになる
・五十肩の予防・改善

Point

・関節技みたいなものなのでゆっくり行う

※注意事項

・脱臼壁がある方は注意

施術方法

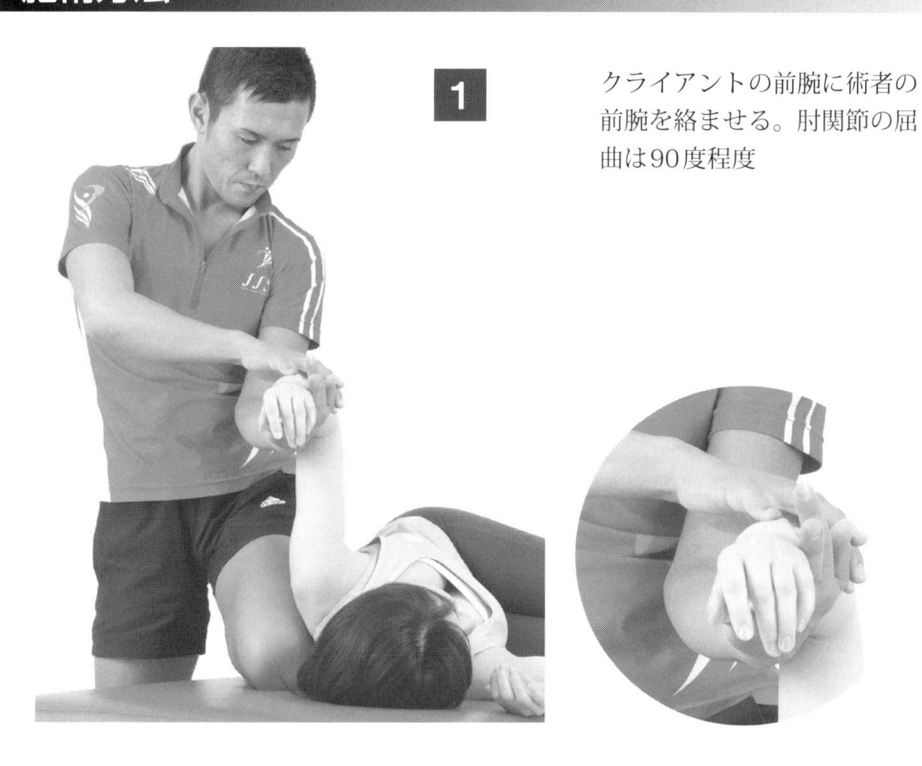

1

クライアントの前腕に術者の前腕を絡ませる。肘関節の屈曲は90度程度

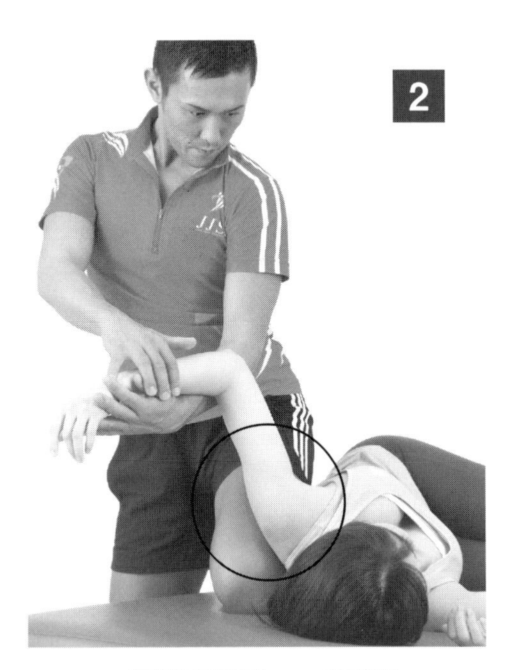

2

クライアントの肩を支点に肩関節を外旋させる。
このときクライアントの身体が後ろにたおれないように足で支える

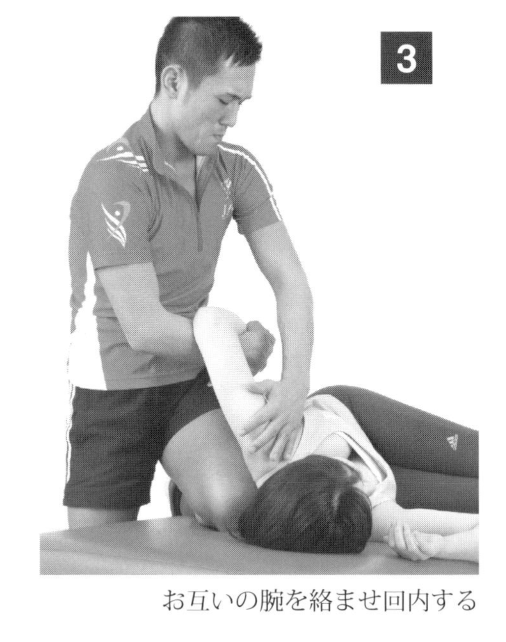

3

お互いの腕を絡ませ回内する

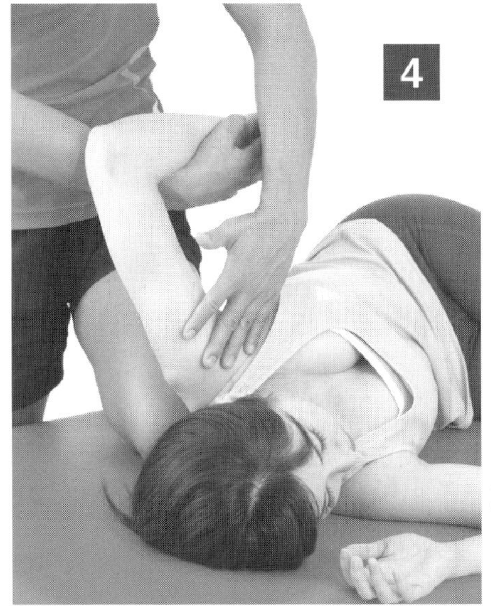

4

肩関節回内時はクライアントの肩が前に出るので反対の手で押さえる

◇床バージョン

術者はクライアントの背部に密着し、クライアントの身体がたおれないようにする

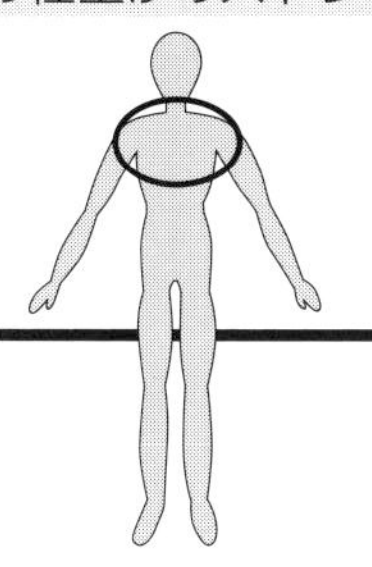

肩甲骨はがし（ストレッチ）

目的とねらい

・肩甲骨の動きを滑らかにし、肩回りすべての症状の改善

対象筋肉

・肩甲骨に付着しているすべての筋肉

効果

・肩甲骨回りすべての症状の予防・改善
・パフォーマンスアップ
・肩こり、首こり、頭痛、めまいの改善

Point

・腕だけの力でやろうとせず体重の力を上手く使う

※注意事項

・肩甲骨に入れた指の爪を立てない

施術方法

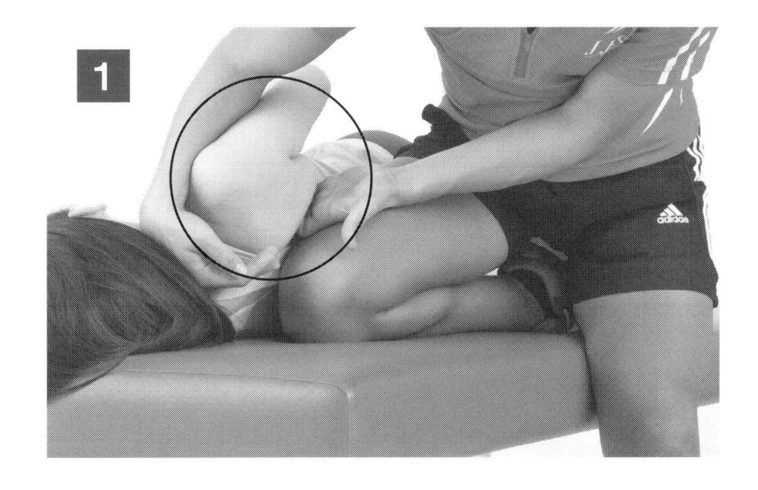

クライアントは横向き、肩甲骨下角あたりに術者の膝を合わせ大腿側面を密着させたおれないようにする

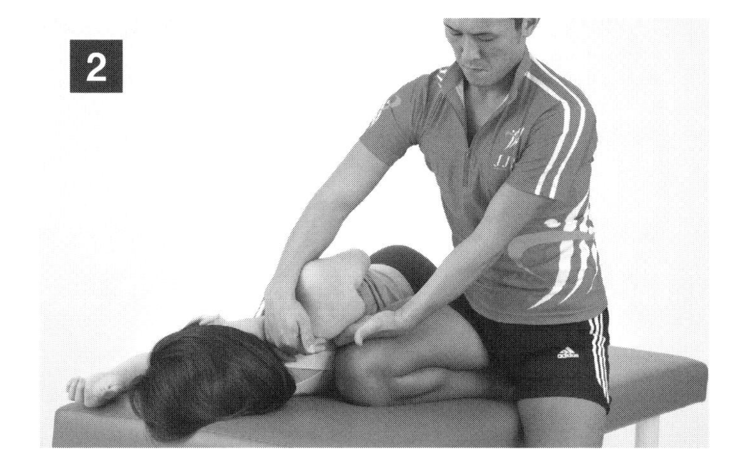

しっかりと胸を張り
かっこよく

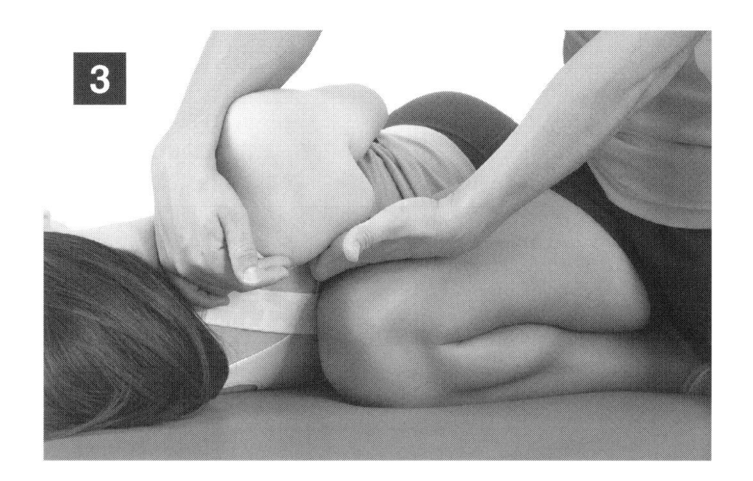

術者の手の甲を大腿に置き安定させる

◇床バージョン

術者はクライアントの背部に密着し身体がたおれないようにする

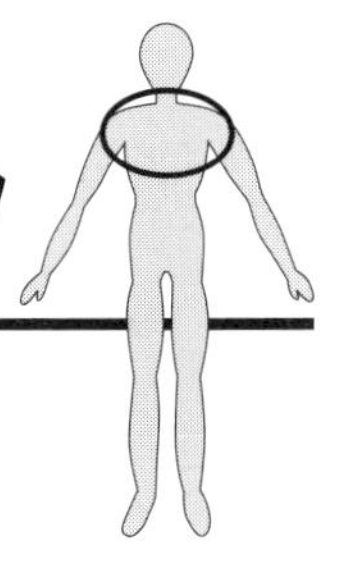

肩甲骨はがし（ストレッチ）前からバージョン

目的とねらい

・肩甲骨はがしのバリエーションのひとつ

対象筋肉

・甲骨に付着しているすべての筋肉

効果

・肩甲骨はがしと合わせて行うことによってさらに肩甲骨が動くようになる

Point

・肩甲骨に指を入れるときは、滑らせるような感じで！

※注意事項

・肩甲骨に入れた指の爪を立てない

施術方法

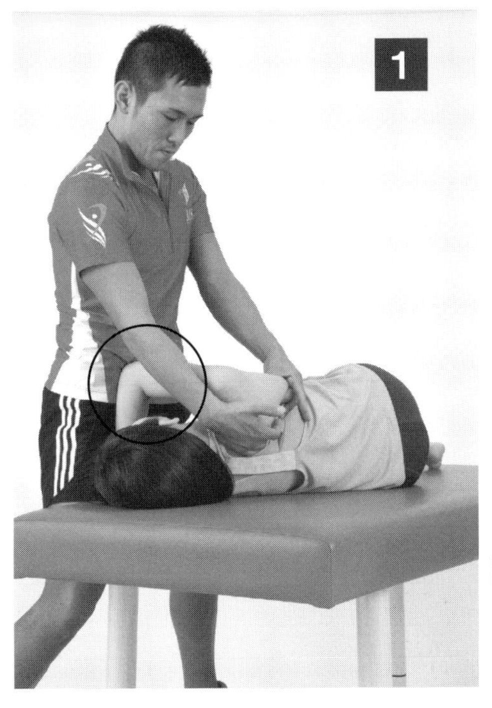

クライアントは横向き、術者はその前方に位置する。
クライアントの肘をベッドから少し出して肩甲骨を押さえる。
術者の下肢で肘を押し肩甲骨を出す

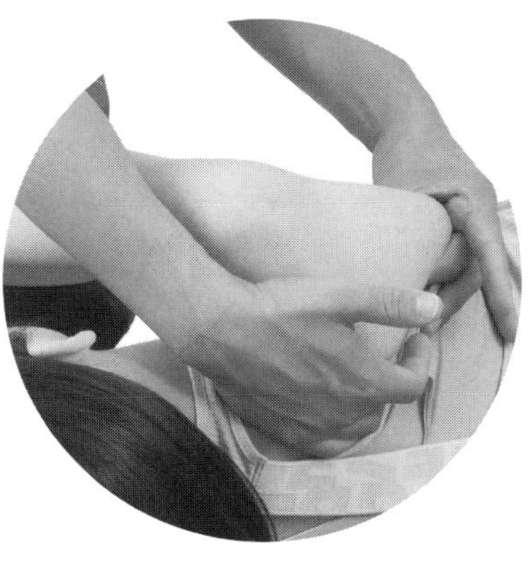

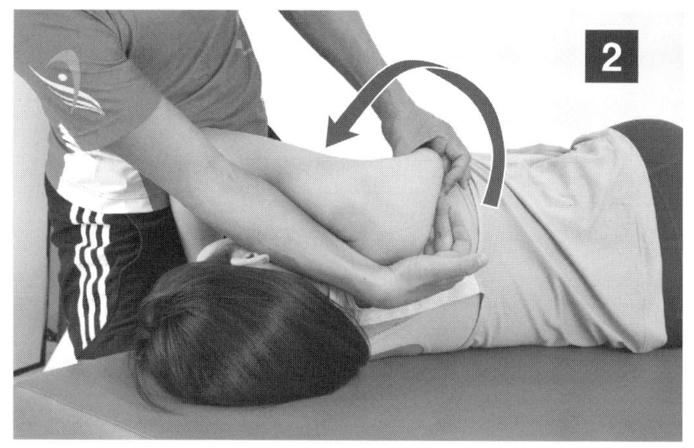

肩甲骨を両手で把持し上方回旋、下方回旋を行う（写真は上方回旋）

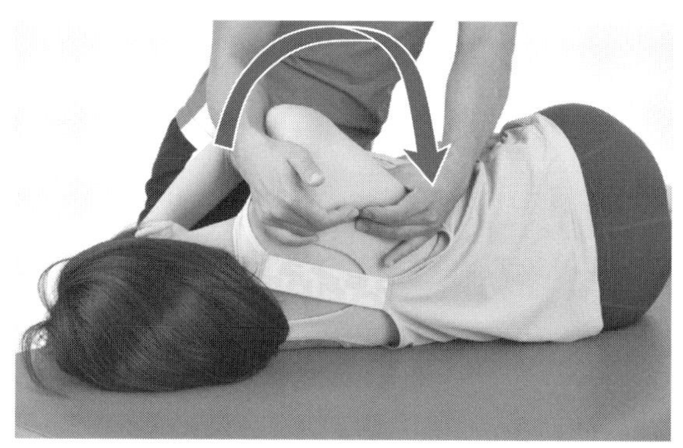

下方回旋

◇床バージョン

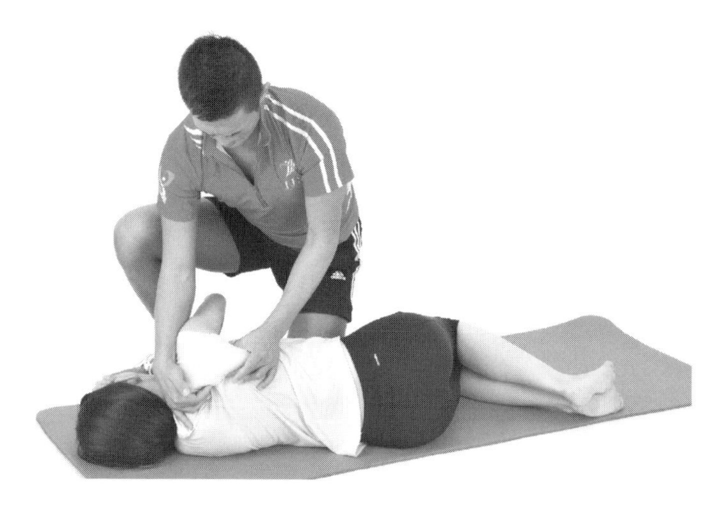

クライアントの手のひらを地面につかせる。
術者はクライアントの肘を押して肩甲骨を出す

首ストレッチ

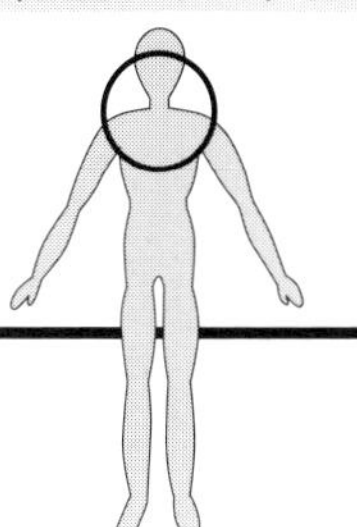

❖首ストレッチ①

目的とねらい

・首をゆっくりストレッチして伸ばす

対象筋肉

・僧帽筋上部
・頭板状筋

効果

・首こり
・頭痛、めまい改善

Point

・肩が浮かないようにする

※注意事項

・首回りはとくにデリケートなので
ゆっくり行う

施術方法

1 クライアントの肩を上から押さえ反対の手で首を屈曲する

◇床バージョン

術者は片膝をつき安定させる

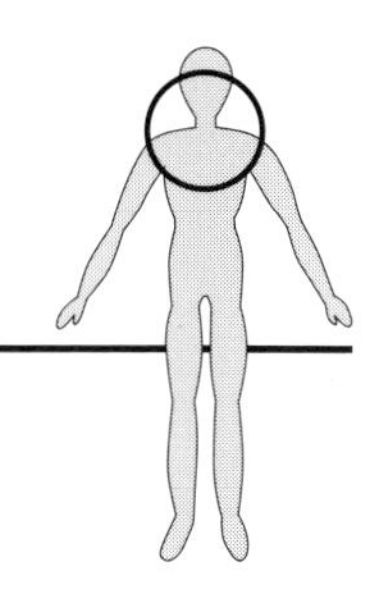

◈首ストレッチ②

目的とねらい

・首をゆっくりストレッチして伸ばす

対象筋肉

・僧帽筋上部
・頭板状筋

効果

・首こり
・頭痛、めまい改善

Point

・肩が浮かないようにする

※注意事項

・首回りはとくにデリケートなので
ゆっくり行う

施術方法

1

クライアントの肩が上がらないように両手で両肩を押さえストレッチする

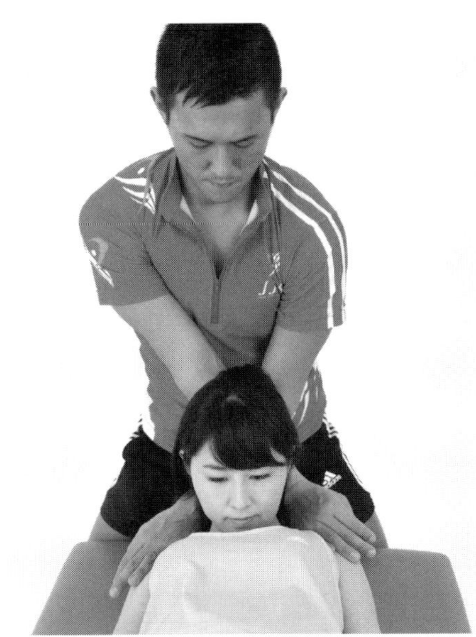

あくまで首の後ろを伸ばすように、首を折り曲げるようにしてしまうと息苦しくなる

◇床バージョン

術者は片膝をつき胸を張り、クライアントの首の後ろのクロスした前腕をあてがい屈曲していく

座位・体幹ひねり（ストレッチ）

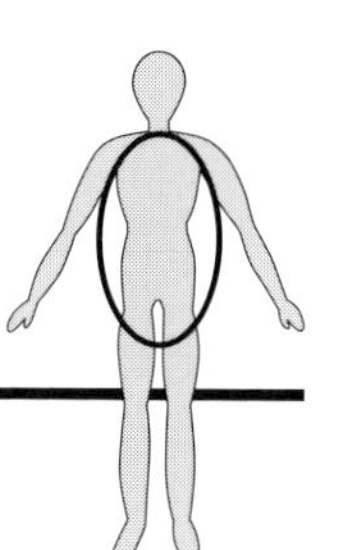

目的とねらい

・腰の可動域を出す。施術の仕上げ

対象筋肉

・腰回りの筋肉

効果

・体幹の回旋がしやすくなる

Point

・しっかりとバランスをとり、ふらふらしないように

施術方法

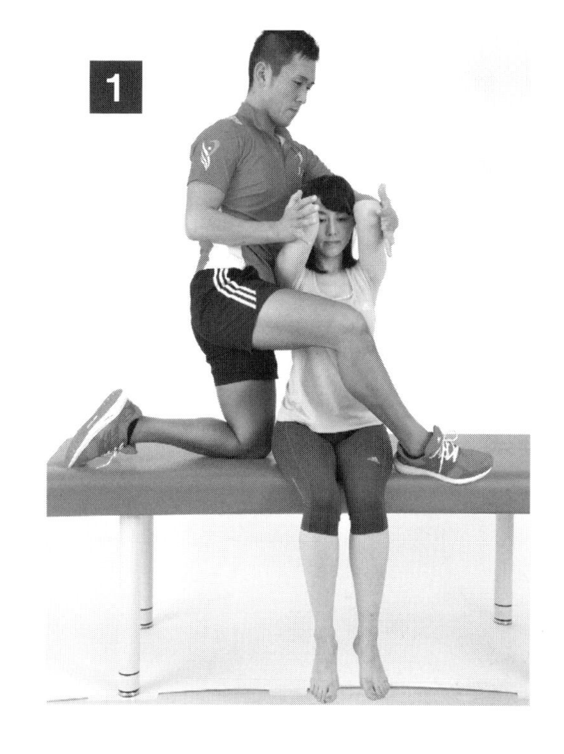

クライアントをベッドに座らせ、両腕を上げて後頭部の後ろで合わせる。術者はクライアントの腕を抱え込む

1から、クライアントの背中を押しながら腕を引っ張り体幹を回旋させる

◇床バージョン

クライアントの座り方はあぐらが安定する

座位・体幹側屈ストレッチ

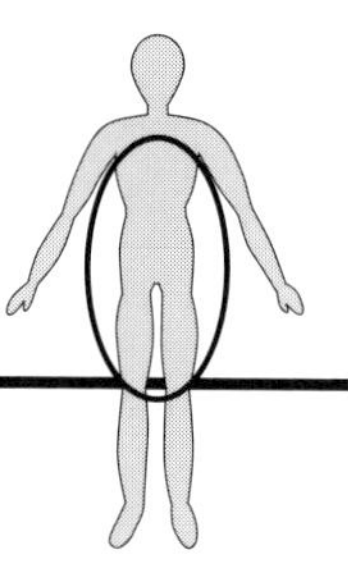

目的とねらい

・体側を伸ばし施術の仕上げをする

対象筋肉

・腰方形筋
・広背筋
・ハムストリング

効果

・腰が楽になる

Point

・クライアントの膝をしっかり押さえ、浮かないようにする

施術方法

術者はクライアントの後ろに回り、膝を上から押さえ肘を上から押し体幹を側屈させる

胸郭ストレッチ

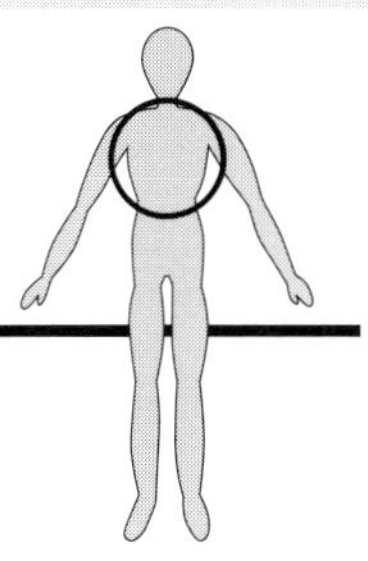

目的とねらい

・胸を張り胸郭を広げ姿勢を良くする
・呼吸を正常にできるようにする

対象筋肉

・大胸筋
・横隔膜

効果

・胸を張れるようになる
・呼吸が深くなる

Point

・クライアントが息を吐いたとき伸ばすが、吸って胸郭が広がったときも伸ばす

※注意事項

・背中にあてる膝を鋭角にすると痛い

施術方法

術者はクライアントの後ろに回る。クライアントは手を後頭部の後ろで合わせる。
術者は肘を把持する

2

クライアントの肩甲部に膝をあて、肘を後ろに引っ張り胸を張り胸郭を広げていく

◇床バージョン

術者は立ち上がりクライアントの肩甲間部に膝をあてる
※痛い場合はタオルなどをかませるとよい

【著者紹介】
牧谷祐志（まきやゆうじ）1990年8月29日生まれ
公益財団法人日本健康スポーツ連盟公認
プロフェッショナル生涯スポーツトレーナー
日本ジュニアストレッチ協会理事長・（株）ユーアンドエー代表取締役

小学校４年まではサッカー部、5年生からは野球部に所属、肩が強く、野球部では守備の要キャッチャーを務める。さまざまなトレーニングをしたが【身体が硬い事が原因で】思うように技術が伸びず、無理をしてケガ、スポーツ障害を多数経験する。その事がきっかけで、夢のプロ野球選手を諦める。

毎日練習をしても、身体が硬く思うように動かない……ケガ・スポーツ障害を頻発。

もっと身体の柔軟性があり股関節、肩甲骨、足首がもっと動けば、人生は変わっていた。夢を諦めずにすんだのに……。

そんな挫折経験から自分と同じように夢を諦めてしまう子ども達を救いたい！　と強く思い静岡から上京し整骨院８つ勤務、23歳で全国100店舗以上某最大手ストレッチ店最年少店長に就任！　3年間で3店舗を統括、月200件の指名（店舗 NO1）18歳〜25歳の７年間で述べ7000人以上の患者様を施術。

ケガでの挫折・整骨院勤務・ストレッチ店勤務の経験から
「もし、自分が子どもの頃から、パーソナルストレッチを受けられていたら、もっともっと野球が上手くなってたんじゃないか？ ケガで挫折することは無かったんじゃないか？ 夢を諦めることはなかったんじゃないか？」自分と同じ辛い経験は今後の子ども達にはさせない！
【パーソナルストレッチが広く認知され、パーソナルストレッチを行える人が増え、パーソナルストレッチを子ども達が普通に受けられる環境をつくれば、必ず！ 必ず！ 日本が良くなる!!】

そんな思いで【子ども達を救い・トレーナー業界を救い・日本を救う】と

日本ジュニアストレッチ協会を立ち上げました！

さらに 2017 年 11 月東京町田市に日本ジュニアストレッチ協会が運営する店舗「Pro ストレッチ」をオープンし、パーソナルストレッチを通し、子ども達の身体を救い、トレーナー業界の働き方、収入に革命を起こし、日本を心身ともに健康な人で溢れさせるため努力しています。
http://www.jjsa.info/

【モデル】堀川ゆき

モデル・ヨガインストラクター。理学療法士として大学病院やスポーツ整形クリニックにてリハビリ業務に従事。慶応義塾大学大学院にて健康マネジメント修士を取得、同大学医学部博士課程に在学中。

【スタッフ】

カバーデザイン	野村幸布
本文デザイン	松下隆治
撮影	平塚修二
編集協力	石田昭二（日本メディア）
取材協力	牧谷亜矢子（（株）ユーアンドエー発起人）
	國重大地（日本ジュニアストレッチ協会・プロフェッショナルストレッチインストラクター）

生涯スポーツトレーナー　技術編
世界一わかりやすいパーソナルストレッチ

2018年4月10日　第1刷発行

著　者　牧谷祐志
発行者　水嶋章陽
発行所　学校法人 国際学園
〒802-0077　福岡県北九州市小倉北区馬借1丁目1-2
☎093-531-5331
発売所　株式会社星雲社
〒112-0005　東京都文京区水道1丁目3-30
☎03-3868-3275
印刷所　株式会社　公栄社

ISBN978-4-434-24566-4